新任3年目までに身につけたい

クラスを動かす 指導の技術！

金大竜《キム テリョン》[著]

学陽書房

まえがき

大学時代、教育学部で学んでいました。学ぶ中で教育の現場に関して入ってくる情報はマイナスのものが多く、学べば学ぶほど不安になったことを覚えています。

学級経営については、ほぼ何も学ぶことのないまま、４月がスタートしました。心の中はワクワクした気持ちとそれ以上の不安な気持ち。周りの先輩方がテキパキ準備されている姿を見て、余計に焦りました。頭の中は正直、「どうすれば失敗しないか？」「どうしたら子どもをコントロールできるか？」ということでいっぱいでした。

そんな心持ちでスタートをした私と、同じような気持ちでいる若い人たちに向けて書いたのがこの本です。本書には、いままで、私がいろいろな先輩から学び、自分自身で失敗を繰り返して、体験から学んできた、より効果のある指導法を書きました。

知識は自分自身に様々な視点を与えてくれます。見方が変われば、マイナスもプラスに変わっていくことはよくあります。この本で得た知識が、みなさんが子ども達と関わる中で、考える時のヒントになったり、そのまま使ってもらえたりすれば本当に倖せです。

さて、これから教員の世界で羽ばたいていかれるみなさんに伝えておきたいことがあります。

それは、「どうぞ失敗を恐れず、たくさん挑戦してください」ということです。

失敗をしてもいいと言っているのではありません。失敗をしないように最大限の準備をすることは大切です。しかし、いくら準備をしっかりしても、いろいろなことが思い通り進まないのが教室です。教室の楽しさは、そうした部分にあるのではないかとも思っています。

　みなさんと子ども達が倖せな時間を過ごしてもらいたいと思い、いろいろな視点や実践を紹介しました。この本に書いてあることをやって、成果を感じられることもたくさんあると思います。と同時に、うまくいかないときがあることも事実です。しかし、それはダメなことではなく、あなた自身が大きく伸びていく大切なチャンスだと思っています。
　失敗しないようにとか、失敗はしてはいけないんだと思っているから、ビクビクしてしまいます。失敗して当たり前なんだ、その失敗から謙虚に学んでいくんだという心持ちで進んでほしいと思います。

　学んで学んで、考えて考えて、実践し、成果が出ても、失敗しても、そこからまた学び、考え、実践する。その時の学びの１つとして、この本がお役に立てばと思います。

　最後に、出版に当たりまして、編集の山本聡子様、制作の新名祥江様、イラストの内野しん様には、たくさんフォローしていただきました。心から感謝申し上げます。

2014年2月

金　大竜

新任3年目までに身につけたい
クラスを動かす指導の技術!

★目次★

第1章 クラスがみるみる落ち着く指導の基本!

第2章 子どもがぐんぐん集中する授業の指導の基本!

第3章 クラスがうまくいく! 教室環境のつくり方

第4章 意外に指導しにくい場面への対応のコツ

第5章 職員とも保護者ともハッピーになる仕事術！

第1章

クラスがみるみる落ち着く指導の基本!

1 朝の掃除でクラスが変わる!

「クラスが落ち着かない」という先生にぜひすすめたい実践。
それは、毎朝、教室を掃除することです。

◆整理・整頓されていない場では心が落ち着かない

朝、教室のドアを開けた時、毎朝、教室の空気を感じてみましょう。掲示物は歪んでいませんか。机はきれいに並んでいますか。雑巾は、真っ直ぐかけられていますか。床にゴミは落ちていませんか。そのような教室では、子どもも落ち着きません。

◎…朝の5分掃除をしてみる

4月は、1時間目、5分だけ掃除をします。掃除をする前に子ども達と教室で深呼吸。教室の空気を体感します。窓を開け、教室を掃除。「男子が雑巾、女子はほうき」と掃除の担当を決めてもいいですし、それぞれ気付いた所をきれいにするのでもいいです。終わったら、みんなで深呼吸。たった5分の掃除でクラスがぐんと落ち着きます。

◎…条件をつける

掃除をする時には、「しゃべりたい気持ちをぐっとこらえる」や「自分の心と会話してみよう」「ふだんしないところも探してみよう」など条件をつけましょう。もちろん、教師が誰よりも掃除を一生懸命行うことです。掃除が終わった後には、振り返りの時間をとり、5点満点中何点だったかを指で表し、挙手させます。どうすれば、5点になるのか話し合わせるのも効果的です。

✕ 教室が整理整頓できていないと…

朝、教室が乱れていたら、気持ちが重くなり、子ども達の言葉も行動も荒くなります

○ 朝5分の掃除でクラスが落ち着く!

朝から掃除をすることで、さわやかな気持ちに。小さな汚れも気にするようになります

●教師が朝、1人で行うのも良い

子どもと一緒にする時間がつくれないなら、子どもが学校に登校する前に教師が1人で教室をきれいにしておいてあげるのもいいでしょう。まずは、教師自身が、教室の乱れに敏感になることが大切です。

2 あいさつが見違える指導

自分から元気よくできる方がいいですが、子どももすぐには変われません。教師から楽しんで、進んで、続けましょう！

◆自分自身はどうなのか

あいさつは大切だと指導している教師自身が教室や職員室であいさつをしていないことがあります。子どもに指導することをまずは、自分で実践してみましょう。そして、子どもが自分からあいさつしたくなるような仕かけをつくってみましょう。

◎…「あいさつ勝負!」のゲームにする

4月は、「あいさつ勝負」をします。ルールは、子どもが教師より早くあいさつできれば子どもの勝ち。教師の方が早ければ教師の勝ち。その合計数で競います。教師は、朝からいろいろなところに隠れて、全力で勝ちにいきましょう。負けた日がやってきたら、「負けたけど、みんなが自分からしてくれると心が温かくなりました。」と話してあげましょう。ゲームにするだけで子ども達の意欲はぐんと増します。他にも、あいさつをした人数を競う、学校の先生とあいさつを何人できるかなど、どんどんゲーム化できます。

◎…自分達で話し合いをさせる

朝、どんな教室なら登校した後、気持ちが良いか。どんな教室なら登校した後、嫌な気持ちになるかを子どもと話し合いましょう。そして、話し合った後は、両方を実際に行い、体感してみます。良いとわかれば、実践→話し合い→改善を繰り返します。

✕ あいさつは説教では変わらない

あいさつの良さを熱く語っても、あいさつができるようにはなりません

○ ゲーム化するとうまくいく！

あいさつを自分からしたくなるような方法を考え、実行しよう！

●あいさつ名人に認定！！

自分から元気にあいさつをしてくれる子をみんなの前で紹介したり、学級通信で紹介したりします。その際は、あいさつをしてもらって、教師自身がどのような気持ちになったのかも丁寧に話してあげましょう。

3 気持ちのよい返事をさせる指導

話し手に反応を返す。これは、話し手を思いやる大切な行為です。反応を返さないことが当たり前になってはいけません。

◆無反応は空気を冷やす

話すという行為は、相手がいて、初めて成立します。しかし、話し手に対し、何も反応を返さないという場面をよく見ます。これでは、話し手は不安になります。子どもが話し手であれば、発表をしなくなることにつながります。教師でさえ、話しづらくなります。無反応は教室の空気を冷やし、居心地を悪くします。

◎…ゆびで指したら反応してみよう

「返事をするんだよ」と話しただけでするようであれば、こんなに楽なことはありません。どんなこともそうですが、練習が必要です。どんな反応を返すのか、例えば、「①はい、②うんうん、③わかった」などいくつか反応例を掲示をします。教師が適当に話し始め、反応を入れてほしいところで、その番号をゆび指します。そうして、何度か練習し、今度は、ペアトークや全体の場でもやっていくようにします。こうしたことは、定着するまで、とにかく「根気強く」が大切です。

◎…気持ちよさを体感させてみる

元気のない「はぁい」という返事5回と元気な「はいっ！」という返事を1回言った後、どのように感じるのかを話し合ってみましょう。前者は、心が重くなり、後者はやる気がみなぎります。言葉より、体感することで子どもも良さをつかめます。

よくない返事を放置してませんか？

反応のない教室は、居心地が悪く、安心感がありません

返事の練習をすると変わります！

反応を返すことで、場が温かくなり、安心感が生まれます

●反応があるとどんな感じ？

2人1組のペアトークで、話し手が1分話す。その時に、1度目は無反応で、目をそらして聞く。2度目は、適度に頷きながら聞く。どちらも試した後、どのように感じたのかを話し合いましょう。子どもにさせる前には、教師が手本を見せてあげると良いでしょう。

4 言葉づかいがきれいになる指導

日々の言葉づかいが乱れてくると、関係性も乱れてきます。友達同士や教師に対する言葉づかい。きちんと指導していますか？

◆使う言葉が関係性を表している

教師が若く、子どもと年齢が近いと、子ども達は親近感がわき、言葉も友達に話すような言葉を使います。これは、一見、仲がよさそうに見えますが、言葉が乱れると、関係性も乱れます。TPO を意識させながら、言葉づかいを指導します。

◎…教師は友達ではありません

子どもが「先生、○○やんなあ？」などと話してきた時、「先生とあなたは友達ではありませんよ。」と話し、言い直しをさせます。特に、授業中は、丁寧な言葉を使うように指導します。子どもが私的な時間と公的な時間を意識できるようになることは大切です。もちろんケースバイケースですが、出会って1ヶ月過ぎ、関係性もできてくれば、必ず、指導します。

◎…叱る時ほどきれいな言葉で

子どもにきれいな言葉づかいを求めておいて、教師は意識しない。これでは、指導は通りません。特に、子どもを叱る時。そんな時こそ、呼び捨てや「お前」ではなく、「あなた」や「君」「○○さん」という言葉を使うようにしています。叱る時に、きれいな言葉を意識すると、こちらも感情的になりすぎず、落ち着いて指導ができます。言葉づかいを指導する教師こそが、日々、言葉づかいを意識しましょう。

× 言葉が乱れると、関係性も乱れます

子どもの慣れ慣れしさに、ついそのまま反応してませんか?

○ 子どもの態度に毅然とした指導を

毅然としつつ、常に丁寧な言葉づかいを意識していきます

●相手の態度に左右されないこと

子どもに話していると、つい、話を聞く態度で相手の心の状況を判断し、こちらの感情が乱れることがあります。結果、伝えたいこととは違うことを伝えてしまいます。その言葉も子どもはしっかり聞いています。相手の反応に左右されず、伝えることは丁寧に伝えましょう。

5 クラスが元気になる健康観察のやり方

朝、子ども一人ひとりの健康を把握することは、大切な仕事。子どもは体調により、授業の受け方も大いに変わってきます。

◆子どもの状態を頭に入れておく

私達教師は、子どもの態度によって、子どもの学習や活動への意欲を評価してしまうことがあります。しかし、子どもだって日々の健康状態によって、態度が大きく左右されることもあります。子どもの身体面の健康状態はもちろん、心の状態にも目を向けていきましょう。

◎…朝、教室に入ってくる時の様子からわかること

朝は、教室で子どもを迎えてあげましょう。教師から元気よく、「おはよう」と声をかけ、もう一言「元気か?」などと声をかけてあげるといいですね。この時間から健康観察は始まっています。そして、子ども一人ひとりの心にスイッチを入れる気持ちで会話すると、実は、教師が一番元気になっていきます。

◎…子どもの元気さを発揮させる時間にする

よくある健康観察は、教師や係の子が前で「体調悪い人いますか?」と聞き、挙手。これも良いですが、さらに一人ひとりの元気さを発揮させる工夫をしてみましょう。その際、出席番号順に「○○です。今日は元気です。」と一言言うのも良いですが、それでは、活動量が少なく、待ち時間が長くなります。だから、自由にクラスの子とあいさつをする時間とし、必ず、教師にはあいさつと健康状態を知らせるように伝えます。

✕ 子どもの様子が把握できていないと…

具合が悪いのをやる気がないと決めつけてませんか？

○ 「あいさつタイム」で楽しく把握！

「あいさつタイム」それぞれが健康状態を把握でき、元気になる！

●休んでいる子は誰なのか？

欠席、遅刻の子は学級全体で把握し、次の日や遅れて学校に来た時、「大丈夫だった？」の一言が子どもからもあるようにしたいものです。日記などでお家の方が風邪と知ったら、「お大事にしてください」と連絡帳に書いたりするといいですね。

6 自分達で動き出す朝の会の指導

教師がいなくても、自習ができる集団は子どもが育っている集団です。朝の会はそこに向けての大切なステップにもなります。

◆自立に向けての第一歩

監視されてないと、自分をコントロールできない。そんな子どもを育てたいのではありません。自分達で声を掛け合い、考え、行動できる。そんな自立した子どもを育てたいと思っています。そのために朝の会のあり方も考えましょう。

◎…指導のきっかけを仕かける

黒板に「無言で○○ページの問題をしましょう」とだけ書いておきます。職員朝会から帰ってきたら、どんな状態でしょうか。その状態を元に話し合います。雑談をしていたら、「どうすれば無言でできたか」を。速く課題を終え、何もしていない子が多くいたら「課題が終われればどうすればいいか」ということを話し合っていきます。話し合いの結果を、画用紙などに書き、掲示します。話し合いの結果を可視化し、次の日に挑戦。そういったことを繰り返します。自分達で学びやすい温かい空間をつくれるようになってほしいと思っています。

◎…段々と、様々なメニューをテンポよく行えるように

曜日ごとに何をするのか決めておくのも良いですが、だんだんと、2、3分で終わる最低限の課題を提示し、そこから先は班ごとに音読や歌、リコーダーからやりたいことを選択し、練習したり、個人で漢字や計算、読書などから選択し、取り組んだりさせることも有効です。

✕ 教師がいないと乱れるクラスですか？

自習も日頃から慣れてないと、うまくできません

○ 朝の会は自習を訓練する場に！

自立した子どもに育てるため、指導のきっかけを先生からつくりましょう

●子ども達だけでできるように

朝の会のリーダーを決め、すべきことをテンポよくしていくことも良いと思います。例えば、2分漢字テストに向けての学習→2分計算問題チャレンジ→全体で詩の群読→自習という流れ。まずは、教師がいる前で何度か練習し、朝の会で子ども達だけで行うといいと思います。

7 子どもがキビキビ働く給食時間の指導

システムがしっかりしていて子どもも安心して動けているのか、システムがきっちりせずバラバラか。教師の指導が大切です。

◆当番は1週間交代？

給食当番は地域ごとに違います。一般的には、1週間で交代をすることが多いようです。しかし、なぜ1週間で交代するのでしょうか？そこにねらいがなければいけません。私は、1ヶ月交代をお勧めします。そこには、私のねらいとメリットがたくさんあります。

◎…当番を1ヶ月交代にするとたくさんのメリットが!

1週間だと、仕事を覚えた頃に交代になります。そして、次に回ってくるのは、また随分と先。1ヶ月だと、日を追うごとに準備が早くなります。慣れの問題だからです。ちなみに、白衣に着替えた人から廊下に並び、並んだ順にリーダーや何を運搬・配膳するのか（前から牛乳・食器という風に決まっている）が決まります。

◎…動線と役割をきっちり決める

今、教室で子ども達が配膳をしている様子をよく見てください。ご飯を盛る子は右手にしゃもじをもっています。その時、ご飯を入れるプレートはその子の左側に積み上げられていますか。こんなことも指導すべきことです。どのように入れると素早くできるか教師自身が考えましょう。各机に配膳する際は、基本的に道を一方通行にします。これで、衝突しません。当番以外の子は、配膳されたものを整える、読書するなど、どのように動くかを明確にしておきます。

× 1週間交代だと、仕事を覚えられない

慣れぬうち交代で、次の時また一から覚え直すことに

○ 1ヶ月ならしっかり慣れます！

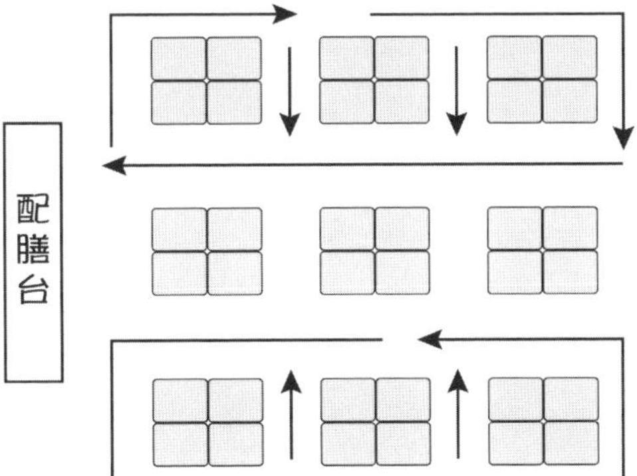

教室内の動きを決めておくと配膳はスムーズになります

●当番はなくしていく

仕事は、自ら進んでするものであり、役割としてするものではありません。例えば食後、食器を給食室に運ぶときは、持っていきたい人が持っていくようにします。白衣が個人持ちの場合、着替えた人から給食当番をしていきます。しない子への手立ては別に考えておきます。

8 残さなくなる給食の指導

残食ゼロ。これを当たり前にしたいですね。物を大切にすることを教えます。

◆脳は常に学んでいる

ヒドゥンカリキュラム（隠れたカリキュラム）という言葉を知っていますか？　人間は、見た物から常に学んでいます。毎日、大量に残る給食。物を平気で残す、好き嫌いを平気でする。子ども達は何を学んでいくのでしょうか。それを考えるだけでも恐ろしいですね。

◎…小を選択できると残食ゼロに!

体調や苦手な食べ物によって、食べられる量は変わってきます。そこで、配膳時、少しで良い人は、「小」と書いたカードを置いておきます。カードを置いたら、おかわりはできません。全員で「頂きます」をした後は、もっと食べたい人がまずおかわりに行きます。その後、残りをチェック。「班から○人きてください」と言います。みんなで少しずつとれば、1人あたりはとても少なくなります。パンの残りも班に均等に分けて配り、班でさらに分けるようにします。こうすると、負担感は少なくて、残食ゼロを達成できます！

◎…食べ物の裏を考えさせる

食べ物の裏に人が見える。生産してくれた方、運送してくれた方、調理してくれた方、配膳してくれた仲間。そんなことを意識させたいですね。学習園で植物を育てる際には、必ず、給食とつなげて話すようにするといいでしょう。

✕ 口での指導ではうまくいかない

無理をさせる指導だけではうまくいかないことも

○ 自己申請方式で気持よく完食!

ちょっとの工夫で、給食を残さないようにできる

●給食室の見学

給食を作っている様子を見学できるなら、子ども達には、絶対に見せてあげてほしいと思います。暑い日は、湯気が立ち込める中大きな鍋で調理している様子。寒い日は、水で野菜を洗っている様子。料理の裏に人が見えるようになれば、子どもはゆっくりと変わり始めます。

9 掃除をしっかりさせる指導

「見ているものに心は似てくる」といいます。教室の状態は、担任の先生や子どもの心の状態でもあります。

◆「きれいになった」という基準は人それぞれ違う

あなたの教室はきれいですか？　しかし、ひとそれぞれ、同じものを見ても、見えることが違います。感じることが違います。だから、常に他の教室と自分の教室を比べながら、空気を感じるようにするといいと思います。掃除は、子どもにも教師にも空気を感じる心を育ててくれます。あなたの教室はきれいですか？

◎…場所を固定し、正しい道具の使い方を指導する

給食当番同様、掃除も役割をころころ変えません。1つの場所を長くすることで、仕事に慣れ、課題を発見し、工夫が生まれます。ちなみに、私は、1学期間、固定しています。最初の１ヶ月、教師は様々な所を回り、基本的な掃除の手順、道具の使い方を指導します。雑巾の絞り方やほうきの使い方など、子どもは知らないことばかりです。

◎…話し合い、実践、改善を繰り返す

掃除に関しても、話し合いをさせます。私は、次のような手順で進めています（4月は頻繁に。5月以降は週に1回ほどです)。

①掃除の前に、全体の目標と担当場所ごとに個別の目標を決める
②実践した後、5点満点で何点だったかを指で挙手させ、その理由をペアトークで話し合う
③担当場所で集まり、工夫できることはないか話し合う

雑巾の使い方も指導しよう!

やったことのない子もいます。教えていきましょう

きれいにする工夫も教えよう!

小さな汚れも発見し、工夫して掃除するようにしよう

●教師自らが掃除を率先して行う

掃除中、教師は丸付けをしている。職員室で仕事をしている。掃除時間が終わり、「もっときれいにしないと!」と指導する。それでは、子どもも掃除を丁寧にはしません。教師が誰よりも掃除を熱心にする。これだけで掃除の風景は変わります。

10 日直を決めないことで子どもの自主性を伸ばす

日直を決めない方がより良い指導ができ、自主性を伸ばせるならば日直はなくて良いのです。

◆日直をすることで本当に力がつくのかを考えよう

日直の仕事の中には、授業の始まりの号令があります。これは、なぜ、日直がするのでしょうか。号令の声がでるように？　本当に月に1回程度しか回ってこない日直でそのような力がつくのでしょうか。教師は、教室で行うこと1つ1つにねらいがないといけません。なんとなくではダメなのです。

◎…日直なんていらない!?

私の場合、自分のクラスでは、全員がその場その場で必要な仕事を進んでやるような子ども達を育てたい、という目標があります。そのためには、日直を決めないほうがよいと考えました。なので、私のクラスに日直は置きません。授業のあいさつの号令も教師が行います。

どんなことでも、まず教師が自分なりのねらいをもってやることが大切です。他のクラスが当たり前にやっていることでも、自分のねらいを明確にした上で、必要かどうかを考えましょう。

◎…黒板は教師が消しましょう!

板書を消す。これも日直がすることではありません。子どもは、次の授業の準備があります。教師自身が書いたものですから、教師自身が消すべきだと私は思っています。その他、日直の仕事に設定されてそうなものは、気付いた人が進んでやるように指導しています。

✕ 日直をつくる弊害もある…

日直をつくることで日直以外の子が進んで動かなくなるかもしれない

○ 日直なしのメリットもある!

気付いたことは、気付いた人が率先して動く教室っていいですね!

●なぜこの指導をするのか。ねらいを明確にする

教師は、自分自身が子どもの頃、経験してきたことを常識として、特に疑うこともなく実践している取り組みがあります。しかし、本来は、実践1つ1つに、なぜこれを行うのかを明確に説明できないといけません。ねらいもないのにやっても、子どもに力はつかないからです。

11 子どもが活発に動き出す係の決め方

係活動は、何のためにあるのでしょうか？　当番とは、何が違うのでしょうか。

◆係活動と当番活動の違いは？

当番活動は給食当番や掃除当番など「その仕事をする人がいないと学級が困る仕事」、係活動は友達の誕生日を祝う係や学習したことや季節に合わせた絵を掲示する掲示係など「その仕事があると学級が良くなっていく仕事」と私は考えています。

◎…誰もがやるべきことは係活動にしない

私はノートを配ることや、電気をつけたり消したりすることは、気付いた人が進んですればよいことだと思うので、配り係や電気係を作りません。「人の役に立てるのか、気付くか気付かないかは大きな差があります。気付けて、動ける人になりましょう。」という声かけをどんどんしています。係を決めるなら、子どもの思考を停止するのではなく、思考を活性化させるものにしたいものです。

◎…自由な発想で

係活動は子どもの自由な発想で考えてもらうのもいいでしょう。これまで担任したクラスではこんな係がありました。

・誕生日係……友達の誕生日にバースデーカードと歌をプレゼント
・お笑い係……月に1回のお笑いライブの運営と出場
・盛り上げ係…誰かががんばったことを褒め称える
・イベント係…廊下雑巾がけレースや靴並べ大会を企画する

係の掲示物も工夫しよう

子どもが楽しくなるような掲示をつくってみる

係に自主的に掲示してもらおう

教室の壁面や教室後ろの黒板を係のスペースや子どもからのお知らせコーナーに

●条件を提示する

私は、係を決める時に、いくつか条件を提示することがあります。この場合、メンバーが決まってから係の内容を決定します。特に、1学期は、クラスの仲間づくりも意識して取り組むようにしています。私の提示する構成条件：①男女がいる　②前の学年で違うクラスの人がいる。

12 子どもが学校を欠席した時には

学校を欠席した時、子どもは家でどんな気持ちで過ごしているのでしょうか。休んだ子どもに何ができるのか考えましょう。

◆休んだ子が誰か、クラスみんなが知っていますか？

お昼ごろになり、子どもから「えっ、今日○○休んでるの？」という声を聞いたことがあります。私はその日の朝、休んでいる子が誰でどういう理由で休んでいるのかを伝えていませんでした。これは、一人ひとりの子どもを大切にする行為とは全く逆の行為でした。

◎…休んだ子に1日学んだことを伝えてあげる

休んだ子は、（今日、学校で何があったかなあ？）と気になるものです。また、次の日、学校にくる時には、心の中でいろいろなことを感じているものです。休んだ子が次の日に、少しでも軽やかな気持ちで来られるようにしてあげたいですね。そのために、今日何をしたのか、同じ班の子からのメッセージ、ノートのコピーをもっていきましょう。また、休んだ子の家に電話した際には、本人にも代わってもらい、少しの時間でも話しをしましょう。

◎…3日以上休んだ時には

熱がなかなか下がらなくて何日か休んでしまうこともあります。そうした時には、家に行って、子どもの顔を必ず見るようにしています。時には、スポーツ飲料を片手に行くときもあります。

自分が風邪の時に、何をしてもらえると嬉しいのか。それを考えて行動するといいでしょう。

こんなこと起こってませんか?

お昼にようやく、休んだ子に気付くようなクラスではいけない

長く休んだ子には教師自ら会いに行く

子どもがどうされたら嬉しいかを考えましょう

●入院した子には

クラスのみんなに呼びかけ、寄せ書きや手紙を書き、担任が代表してお見舞いに行くことも良いと思います。もちろんこうしたことは何でも1つ1つ、学年主任や教頭に相談してから行うことが基本ですが、子どもの身になり、喜ぶことはやっていくといいですね。

第2章

子どもがぐんぐん集中する授業の指導の基本!

13 教師の立ち位置と机間指導

授業中、教卓に張り付いて授業をする人と、教室中を歩いて授業をする人。どちらが良いでしょう？

◆教卓に張り付いていると…

教師が教卓に張り付いて授業をしている教室では、子どもも黒板方向をずっと向いて、授業を受けるようになってしまいます。基本的に指導をしなければ、子どもは、教師にずっと体を向けます。友達が発表していようが、体は黒板に向いたままです。教師が立ち位置を変えることで子どもの体の向きも変わります。

◎…話し手の後ろに立ったり、話し手の逆側に立ったりする

教師が話し手の後ろに立つと子ども達は、自然と話し手の方に体を向けるでしょう。その時に、「話している人の方に体を向けられるっていいねえ。」と声かけしましょう。また、教師が話し手の逆側に立つと、話し手は、聞き手側に体を向け話すようになります。教師が立ち位置を変えることで、子どもに様々な変化を与えられます。

◎…机間指導もいろいろなパターンで

子どもが活動中には、教師は机間指導をします。1人の子とじっくり向き合う時は、腰をかがめ、必ず、目線を合わせるようにしましょう。他にも、1つの活動で教室を2周から3周することで、誰がどれくらいでき、どんな意見をもっているのかよりわかるようになります。その際、良い気付きを書いている子がいたら、大きな声でほめ、他の子が参考にできるようにします。

✕ 教卓の前だけで授業していると…

みんな聞いてるのかなぁ？

教師が前だけにいると、子どもは友達の発表の時も前を向いたまま

○ 教師の立ち位置で変わる!

話してる人の方に
体を向けられるって、いいね♪

教師が意図的に立つ位置を変えると、話し手や聞き手を見ることの大事さに気付きます

●オウム返しをしない

子どもが発表した時に、教師が、「なるほど、○○だね。」と、毎回、オウム返ししていると、子どもは友達の意見を聞かなくなります。聞かなくても、教師が繰り返してくれるので、話し合いを理解できるし、自分が参加しなくても話し合いが進むからです。

14 授業中、子どもの様子を把握するポイント

授業中の子どもの表情や振る舞い、作業へのスピードなどから、常に子どもを評価し、指導を工夫しましょう。

◆クラス全員のうち、何人ならOKなのか

後輩に「クラスの子は発表できてる？」と聞くと、「はい」と答えるので授業を見に行きました。すると、1時間を通して数人の子は発表をしません。これで、良しとすると、この先に何の工夫も生まれません。常に、「クラス全員」を目指すことで教師自身の指導力もあがります。その際には、子どもの状態を基に考えないといけません。

◎…子どもを前に集めてみるだけでいろいろ見えてくる

「机を後ろにして、黒板の前に集まってごらん。」と言って、子どもを集めてみてください。それだけでも、たくさんのことが見えます。クラスの人間関係（男女は固まっていないか、仲良しグループで集まっていないか）は瞬時にわかります。意欲の高い子は前にくるし、意欲のない子は、後ろに行く傾向が強くなります。どの授業でも後ろに行くということは、学習以外にも何か問題を抱えているのかもしれません。体育の授業も、音楽の授業も、こうして集合すれば、意欲はすぐにわかります。

◎…叱るのも表情を見て

何か指導をする時に子どもを叱ることがあります。そんな時も、相手が聞いているようであれば構いませんが、あまり聞いていないようであれば、叱っても届かないので、指導法を変えましょう。

✕ 見逃してませんか?

次の○○については、
……なので、……して…
聞いていない子がいるな～

一部の子ができていないことを見逃していませんか?

○ こうすると見逃さない

なるほど、こういう
人間関係なのね…

前に集めてみることで子どものいろいろなことが見えます

●最適なスピードとは…

例えば、授業中のノートの書き込みなど、しっかり書いているようだけど、速すぎて雑になっていたりすることがあります。これでは、いけません。ただ、丁度いいのはどんなスピードか文字では、伝えられません。教師自身が日々子どもの様子を見ながら指導することが大切です。

15 座っている姿勢の指導

姿勢が崩れると、鉛筆の持ち方やお箸の持ち方にも影響をします。1つ崩れると、すべてが崩れるきっかけになります。

◆身心相即を意識しましょう

身心相即という言葉を知っていますか？　身体と心はつながっているということです。身体の芯がしっかりしなければ、心の芯も乱れます。身体の芯がしっかりしていれば、心の芯もしっかりします。立腰教育というものがあります。立腰教育を発案したのは教育者・森信三先生です。

◎…身体の芯である腰骨を立てる

身体の中心である腰骨を立てるためには、腰骨を立てる時間を取ります。私は、4月には、毎日、5分ほど使い、子どもの腰骨を1人ずつ伸ばしてあげるようにしています。両足を地面に付けさせ、目を閉じさせます。一人ひとり腰と胸に手のひらを当て、しっかりと腰骨を伸ばしてあげます。きれいにできていたら、耳元で「しっかり伸びてるね」と声をかけます。

◎…姿勢を良くするとどんな得がある?

姿勢よく座るとたくさんの得があります。どんなものがあるのかを子どもに紹介してあげてください。①精神が明晰になる、②主体性が確立する、③健康になる、とあります。まずは、教師自身が日々実践して、体感することで子ども達に伝えられることも変わってきます。ぜひ、実践し続けてください。

✕ 姿勢の悪い子に指導をしないと…

まっすぐ座って！
肘をつかない！足は床に置く！
イスを持ち上げないで！

姿勢が悪いと集中できず、クラスの乱れの原因に

○ 子どもの腰骨を教師が伸ばす

いい姿勢だね！
次は わたし！
しっかり 伸びてるね！

腰骨を立てることは姿勢の基本です。教えてあげましょう

●腰骨の立て方

①まず尻をウンと後に引く、②次に腰骨（お尻のやや上方）の中心をウンと前へ突き出す、③軽くアゴをひき、下腹に力を入れ、持続させる。森先生は、立腰は「人間に性根を入れる極秘伝」「この一事をわが子にしつけ得たら、親として最大の贈り物」と説かれています。

16 鉛筆の持ち方の指導

最近は、当たり前のことを徹底できていない教室を良く見ます。鉛筆の持ち方や箸の持ち方、何人の子ができていますか。

◆誰ができていないか把握していますか？

4月、担任した時には、鉛筆の持ち方や箸の持ち方が乱れている子をチェックします。そこからは、とにかく根気強く、そして、保護者の方とも協力しながら直していきたいですね。いろいろなことの型が心を美しくします。そして、心が型をより美しくするものです。小学生のうちに型をしっかり躾けることは大切です。

◎…子どもの癖は根気よく直す

これは、すべての指導にいえることですが、教師が根気をもってあたらないといけません。教師の根気に諦め、子どもがその行動をするのか。子どもの根気に諦め、教師が諦めるのか。子どもが5年かけてつけた癖なら、5年かけて直すくらいの気長な気持ちをもたないといけません。

子どもには、「鉛筆の持ち方1つ変えられない弱い心で、自分の夢をかなえていけると思いますか。」と話します。

◎…いろいろな道具や方法を活用して教える

鉛筆やお箸の持ち方を直すためには、様々な道具が販売されています。教師自身が「この程度…。」と考えず、「本気で治すんだ。」と思い、子どもと向き合うことが大切です。温かく、根気強く、諦めない気持ちで向き合うことです。

鉛筆の正しい持ち方

鉛筆を正しく持つことがきれいな字を書く基本です

お箸の正しい持ち方

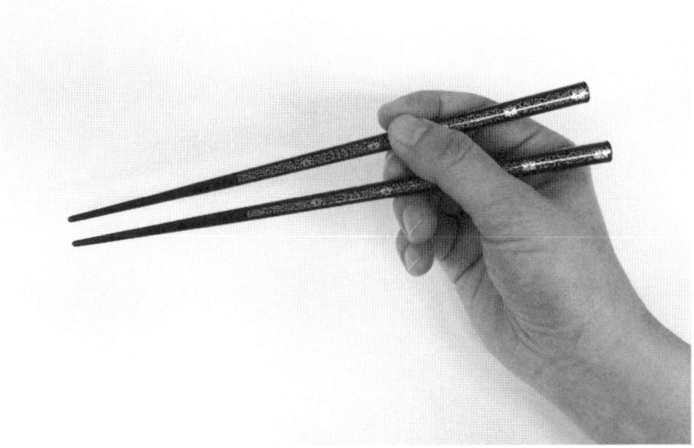

子どもができなかったら家庭のせいにせずに、「自分が直そう」と思って関わりましょう

●左利き用のものさしもあります

どのような理由でできないのかを教師が診断できないといけません。鉛筆の持ち方と座る時の姿勢はつながりがあります。例えば、左利きの子には、左利き用のものさしがあるのをご存知ですか。右利き用では、線を引く時、メモリが読めません。

17 教科書・ノート・鉛筆の扱い方の指導

小さな乱れが大きな乱れにつながっていきます。細部を丁寧にすると全体も丁寧になっていきます。

◆物心相即

物心相即とは、物の扱い方が心をつくるという考え方です。日々、子どもが物の扱いを丁寧にしているかどうかは、教科書やノートを見ればわかります。子どもは、新しいノートの1ページ目は、丁寧に書きます。(このノートは丁寧に使おう)という気持ちになるのでしょう。その気持ちが持続するにはどうしたらいいのでしょうか。

◎…教科書の後ろに書かれていることは?

教科書の後ろには「この教科書は、これからの日本を担う皆さんへの期待をこめ、税金によって無償で支給されています。大切に使いましょう。」と書かれています。与えられることに慣れ、物がそろっていることが当たり前と思っている子ども達に、1つの物の裏にどれだけの人が関わっているのかを伝えてあげることも、教師の役割です。

◎…ノートに下敷きは敷いていますか

ノートを書く時、子どもは下敷きを敷いていますか。鉛筆はきちんと削ってありますか。そうしたことを徹底することが大切です。徹底とは厳しくするということではありません。下敷きは、教師が準備しておいて、忘れたら貸してあげる。鉛筆を削ってなかったら削ってあげる。ここまでするのかと教師の覚悟が見えれば、子どももやるようになっていきます。

✕ 雑に扱うことを放置すると…

だらしないなぁ～
いやだな～
あ～あ

物を雑に扱う子どもがそのままになっていませんか？

○ 扱い方を教えると変わる！

よし！一緒に整理しよう！
ノートには下敷きを敷きなさい。それから…
はい！

身の回りを整えることが心の落ち着きにもつながります

●物に名前を書く意味を伝える

学校には、記名週間がある学校もあると思います。子どもは、自分の物にしっかり記名していますか。勉強道具をすべて、そろえていただき、それらを大切に扱うとはどういうことかを、教師がしっかり話すことで記名する意義を感じられるようにしましょう。

18 文字を丁寧に書く指導

「文字をきれいに書きましょう」ではなく、「文字を丁寧に書きましょう」と声かけをしていますか。

◆文字を丁寧に書くとは

文字をきれいに書くのは、誰にでもできることではありませんが、文字を丁寧に書くことはできます。それは、とめ、はね、はらいを意識して書くということです。書き順を守って書くということです。マスのなかにおさめて書くということです。

◎…50音表から練習する

私自身は、高学年を担任することが多くありました。高学年でも、ひらがなやカタカナをきちんと書けない子はいます。そこで、ひらがなやカタカナの練習から始めます。できないことは、その子達に任せるだけでなく、みんなで学習していくことが大切です。また、友達のノートを評価する時間をつくることもあります。赤鉛筆をもって、友達のノートに字が丁寧にかけているかどうかコメントを書きます。どうすればその子の字が良くなるかを考え、アドバイスを書いてもらいます。

◎…丁寧に書く時とそうでない時を使い分ける

常に丁寧が良いかというとそうではありません。丁寧に書ける子には、使い分けるように話しています。メモを取る時やドリルのように何度も問題を解く時などは、速さを大切にします。どちらかに偏るのではなく、場面によって使い分けられるよう指導しましょう。

✕「きれいに書く」では伝わらない

もっときれいに書きましょう！

ただ単に「きれいに書きましょう」といっても子どもは変わりません

○「みんなで学習」が効果的

友達のノートはどうですか？
色分けしてあってわかりやすいよ！
丁寧に書いてて読みやすいね！

友達同士でチェックすると子どもも意欲的に

●ノートを書くのが遅いのは…

ノートをとるのに時間がかかるのは、丁寧さだけが原因ではありません。多くの場合は、漢字を覚えていないことが原因であったりします。そのため、黒板の文字を一度で覚えられる量が少なく、黒板を見る回数が増え、遅くなるのです。原因を分析して、指導内容を考えましょう。

19 子どもがどんどん発表したくなる指導①

「子どもが授業中、発表しません」という声はよく聞きます。授業を見直すだけでなく、子どもに付けたいスキルもあります。

◆発表も機会の回数で変わる

発表が苦手と感じる子は1年間で何度、発表しているでしょうか。10回もしていないかもしれません。これで、発表ができるようになるとは思えません。回数事態が少ないのです。また、授業で意図して子ども同士のつながりをつくらないと、子ども同士の関わりの少ない冷えた空気の教室になります。

◎…ペアトークをたくさん行う

教室全体での発表の前に、ペアトークを毎日行うといいでしょう。ペアトークをする時は次のことを意識して行ってみてください。

	初期段階	慣れてきたら
話題	軽いテーマ	しっかりとしたテーマ
時間	短く（30秒～1分）	長く
相手	いろいろな相手と	1人とじっくり

軽いテーマは、「昨日の晩ご飯について」「ペットにするなら、ネコ、それとも犬」などで十分です。そうして、慣れてくれば授業内でも行うようにしていきます。また、ペアは、隣の席どうしだけでなく、前後でも作っておきます。そうすることで、一方のペアの子の機嫌が悪くても、もう一方と話す時はしっかり話し合いができます。機嫌が悪い日もあるのが人間ですから。

✕「発表しなさい」だけだと…

ハイ!
ハイ!
一度も発表してない子がいるな…

発表しない子は一年中発表できないままになっていませんか

○ペアトークが効果的!

……
……
よし!
……
……
ペアトークならできるなぁ

まずは、小集団で話し合ってみよう

●ペアトークの時の話す量

ペアトークを1度終えた後、「話す量がだいたい均等だった人」と聞いてください。そうすると、ほとんどのグループは均等ではありません。そこで、「話す量を均等にしましょう」と声を掛けます。せっかくの発話の機会もどちらかに偏ってしまうと練習になりません。

20 子どもがどんどん発表したくなる指導②

ペアトークにも、いろいろなねらいがあります。ここでもねらいを意識します。

◆何のために行うのか

授業後、どうしてあそこでペアトークをしたのかと聞かれたら、答えられるように、意識的に手法を選択していきましょう。そういう風になぜ、あの場面でペアトークを行ったのかが明確であれば、それだけ効果も上がります。どの指導でもそうですが、「そもそも、なぜ、その指導をするのか」を考えることを習慣化するといいですね。

◎…どんなねらいがあるのか

ペアトークを行う際のねらいを自分なりに考えておきましょう。

確認する時	教師の指示やこれまでの学習のポイントを確認させたい時に行う。
考えをもつ	発問に対して個人で考える前に行い、どの子も考えをもてるようにすることをねらって行う。
自信をもつ	個人で考えた後、全体での発表の前に行うことで、自分の考えを深め、自信をもつために行う。
整理する時	教師が授業の流れや発問を考えたい時に、ここまでの学習の流れを確認させ、時間を確保するために行う。

子どもの状況に合わせて、どんな場面で、ペアトークを行うのか、あらかじめ考えておくことで、どの子も授業に参加できるようになっていきます。

✕ ねらいがないと…

何を話し合えばいいのかな？
?
?
?
?
?

ペアトークをやみくもにやっていても効果は得られません

○ ねらいを明確に！

今、先生が説明したことをもう一度
隣の人に説明してください
……
……

どんな目的で、何を話し合うのかを明確に指示する

●集中と開放の繰り返し

一方的に話を聞いているだけの授業だと集中力はもちません。発話する機会のない子どもは、1日6時間もじっとして座っています。話し合いなど自己開放する時間があることで、リフレッシュして、再度、集中できます。集中と開放を意識し、取り組んでみてください。

21 子どもがどんどん発表したくなる指導③

話し合いのスキルの根底には、相手を思いやることが大切です。そこを抜くと伝わりにくい話し合いになってしまいます。

◆思いやりがない発表になってませんか

挙手し、指名されたら、長々と自分の考えを発表し続ける子どもがいます。これでは、せっかくの発表も伝わりません。とても早口の発表、小さな声の発表も同じです。どれだけ素晴らしい意見も、相手に伝えようという思いがなければ、わかりにくい発表になります。

◎…話し手は聞き手を思いやる

話し手は、聞き手に考えを理解してもらおうと思うことが大切です。そうすると、「結論から先に話し、その理由を後で言う」「自分の考えの根拠を提示して話す」という風になっていきます。どうすれば、相手を説得できるのかは、国語の説明文の学習からも学べます。話型を提示したり、つなぎ言葉を指導したりすることも大切ですが、それらはすべて、相手を思いやるという土台の上にあるものです。

◎…聞き手は話し手を思いやる

話し合いで大切なのは、聞き手の指導です。聞き手は話し手が何を言おうとしているのかを聞きとらないといけません。「声が聞こえません」ではなく、聞こうとしているのかが大切です。発表が終わった後、何人かを指名し、「今、○○さんは、何を伝えたかったと思う？」と聞くことで、話し手の考えに意識して耳を傾けるようになります。良い聞き手が良い話し手を育てます。

✕ 聞き手への思いやりがないと?

う〜ん…
そこでぼくは
…をして…
…で、だから……
つまりそれは…

聞き手不在の、話し手が自己満足するだけの発表になってませんか

○ 相手を意識すると変わる!

いいね!
そこでぼくは
…をして…
…で、だから……
つまりそれは…

話し手も聞き手も相手を思いやる心が大切

●発問して、すぐに指名しない

発問して、すぐに挙手する子がいます。それに反応して、教師がすぐに指名し、授業が進んでいく。これでは、じっくり考えている子はいつまでも発表できません。じっくり待つ、挙手の数が少なければ小集団で話し合う時間をとるなど、全員が考える時間を確保しましょう。

22 子どもが変わる声づくりの指導

声づくりは学級づくり。子ども一人ひとりがしっかり声を出せることは、その他の自己表現につながっていきます。

◆声が出ない教室

あいさつをしても、返事をしても、歌を歌っても、声がほとんど出ていない教室は、子どもが自己開放されていない教室です。どの場面でも、大きな声を出すかどうかは TPO を考えて行えばいいですが、まずは、全力で自分の声を出せるようにする、そんな学級のムードをつくっていくことは大切です。

◎…教師が手本を

まずは、教師が声を出して行うことが大切です。例えば、学習課題を読む時にはこのようにします。

①教師　　　　　「おはようございます！　さんはい」
②教師と子ども　「おはようございます」

このように子ども達が読むときも、しばらくは教師が一緒に読んであげることで安心して、声を出せるようになっていきます。

◎…声出しゲームを行う

声がどこまで届くのかをゲームにすることもあります。詩の群読で、その声が「廊下の端まで」「下の階まで」「運動場の端まで」という風にどこまで届くかを試すゲームです。実際に、教師がその位置まで行ってあげるだけで、子どもの意欲もより高まります。楽しんでいる間に、声が出ていた。そんな風になるといいですね。

✕ 声が出ない教室は自己開放されてない

声が出ないのは自己表現のできなさにつながる

○ 声づくりでクラスが変わる!

声出しゲームで声を出す気持ちよさを体感すると変わる

●全員⇔班⇔ペア⇔個人

どのような活動でもそうですが、まずは、全員で行います。全員でできていれば、班、ペアという風に人数を減らしていきます。もし、人数を減らしていくことで声が出なくなれば、もう一度、人数を増やして行います。（班で駄目なら、全員でという風に1段階戻す）

23 意識が変わる!号令の指導

「前へ　ならえ」「さん　はい」など、様々な場面で号令をかけます。号令1つとっても指導のポイントはたくさんあります。

◆号令で心にスイッチを

だらだらとした声で覇気のない号令。それに対して、だらだらと動く子ども達。そんな姿を見かけませんか。こんな状況が続くと、叱ることも多くなってしまいます。意識して号令をかけ、素早く動けるようになると、子ども達の心にスイッチが入ります。

◎…予令と本令を意識する

号令は、予令と本令に分かれます。「前へ、ならえ」「さん、はい」の「前へ」や「さん」は予令です。これから行う動作の予告になります。その後の本令で動きます。教室で歌ったり、音読をしたりする時に、「さん、はい」と号令をかける所を「はい」だけに変えてみてください。その時に、何人の子が反応できるでしょうか。いろいろなことの「先から今」を見られるようになると、子ども達の行動は変わります。次は、何をするのか予想し、動くから速くなります。これは、自立への第一歩です。子どもには、予令と本令の話をし、だんだんと予令をなくしていくことやその意味、つけてほしい力も話していきます。

◎…練習し、話し合う

号令を初めて教える時以外に、練習をする機会をつくりましょう。月に1回だけでも、全体で練習したり、活動班ごとに分かれて練習して、より良くなっていくにはどうするといいのか話し合います。

✕ だらだらとした号令だと…

前へ～ならえ～

号令をかけても子どもの動きはバラバラになっていませんか

○ 予令の指導で見違える!

おっ
「前へ ならえ」と言われる前に並んでおこう!

予令と本令を意識することで「先から今」が見れる子どもになる

●最後には号令なしで動けるように

「前へ　ならえ」は子ども達が整列をした時点で、目で距離感を測り、きっちり並べば、必要ありません。「先から今」を見ることで、いろいろな場面での号令は必要なくなっていきます。号令に対し動ける子ではなく、自分で考え、号令なしでも動ける子どもを育てることが大切です。

24 始まりの礼・終わりの礼の指導

様々な理由で、礼をしない学校を見聞きしたことがありますが、「礼に始まり、礼に終わる」という精神はとても大切です。

◆何のために礼をするのか

礼と号令をかけても、首だけしか動いていない、目が落ちていない、手の場所がバラバラなど、礼をきちんとできない子どもが多くいます。また、教師自身も、きちんとした立礼がどのようなものかわからず、手本を見せたり、指導したりできない場合もあります。

◎…礼の意味を教師が知っておく

礼をする時には、目を合わせた後、頭を下げ、目を地面に落とします。その時に、背筋は真っ直ぐ、腰を曲げます（ＴＰＯに合わせて、曲げる角度は変わります)。さて、では、なぜ、頭を下げ、目を地面に落とすのでしょうか。これは、相手を「信頼しています。」という行為なのです。礼という行為は、相手を視界から外すので、命の危険があるということです。しかし、あなたの前では、命の心配はしていないから、一番大事な頭を差し出し、目を落とせるわけです。

◎…子どもにも意味を伝える

礼の意味は、子どもに話します。礼には相手を大切にするということが詰まっています。「相手を包み込むように、場を温めるように礼をするといいね」と話しています。礼、1つでも、子どもの育ちはわかります。みんなで礼をする時は、「礼、1、2、3」とみんなで動きをそろえることも指導します。

✕ 正しい立礼を知らないと…

礼をきれいにできるように体も心も意識し、練習させましょう

○ 動きもそろえてきれいに

みんなで動きをそろえて礼をすることも指導します

●握手は右手、左手？

握手にもマナーはあります。握手は、右手で行います。昔は、西洋でも腰に刀を差していました。その際、右手で握手をするということは、刀が抜けないということです。だから、「あなたとは、戦いません」という意思表示でもあります。

25 すばやく、静かに!起立の指導

「起立」という号令を指導する時にもたくさんのポイントがあります。ポイントを知っているだけで様々な指導ができます。

◆やらされているからやりたくなくなる

人間は、どんなことでも「やらされている」と感じてしまうと、意欲がさがっていきます。その傾向は、年齢が上がっていくごとに強くなっていきます。では、どうすれば、やる気が高まっていくのでしょうか。その1つに、価値を知ること、更なる上のレベルがあることを知ることが挙げられます。

◎…「起立」をゲームにする

「この時間は先生が、起立、と言ったら2秒以内に立つゲームをします。授業中でも急に言います。」と話します。そして、授業の所々で「起立、1、2」と号令をかけます。それに、対応して動くゲームです。その中で、切り替えることを体感させます。号令の聞き逃しも、ゲームですから、笑って指導できます。子どもの状態により、どのようなタイミングで号令をかけるのかは考えましょう。

◎…音を立てないことも思いやり

スピードが上がったら、それに反比例して、音が大きくなります。時間を短縮することは人への思いやりです。と同時に、音を立てないことも思いやりです。音をできるだけ立てずに立つにはどうしたらいいのか、みんなで練習しましょう。そうしたことも教師が話すだけでは子どもはできません。練習して、できるようになるのです。

✕ やらされごとは、意欲が減退

起立〜
立つのが遅い！

当たりまえの指導だけだとやる気が出ないままに

○ 「起立」もゲーム化でうまくいく!

起立、1、2！
先から今を見て、
気をつけまでしてるね。
えらい！

ゲーム化でやる気アップ！ 指導も笑いながらなごやかにできる

●テスト中や読書中も

テストが早く終わったり、読書タイムや図書の時間に本を交換しに行ったりすることもあります。その時も、周りの集中力を切らさないために、そーっと動くこと、音を立てないことが大切です。教師もこの場面では根本は何かと考える癖をつけましょう。

26 子どもの切り替えを速くする指導

時間泥棒という江戸言葉を知っていますか。切り替えが遅いと人の時間を奪うことになります。

◆個より集団を優先させる

「では、作業を止めてください。」とあなたが教室で指示した時に、一番早い子と一番遅い子ではどれくらいの時間差がありますか。このように真面目にやればやるほど損する教室、待つ時間が長い教室は子どもの心も冷めていきます。学校という場所は、集団生活をする場所です。だから、個より集団を優先して行動する必要があります。

◎…時間を提示する

1日に作業をストップさせることは何度もあります。それを5秒縮めると、1年で5秒×10回×200日＝10000秒（約170分）も得します。それを自分達の伸びる時間とするか、待つだけのボーッとした時間にするのか。これを子どもに話すだけでも、ずいぶんと意識が変わります。時間は、命ですから、人の時間は奪ってはいけません。

◎…手を挙げたら、みんなも手を挙げる

「静かにしましょう」と言っても子どもが作業をしていたら気付きません。そこで、教師が手を挙げたら、作業の手を止めて、子どもも手を挙げます。教師が手を下げたら、子どもも下げます。手を下げたら、教師の話が始まるので、手を下げた後、どうすればいいのか考えさせることで「先から今」を見ることにもつながります。

✕ 切り替えの遅さを見逃すと…

作業を止めてください

待たされる子が出てくるとやる気をなくす原因に

○ 切り替えの指導で意識も変化！

手が挙がってるよ！
あっ！

手を挙げたら、子どもも手を挙げることの指導など、わかりやすい指導が効く！

●学校全体ですると

手を挙げる指導を学校全体で指導しておくと、全校朝会などで「静か」をつくりたい時にも使えます。子どもがみんなの前で発表するなど静かにしてもらいたい時には、声を使わなくてもいいので子どものプレッシャーも少なくなります。

27 気配りできる子にするプリント配布の指導

プリント配布は1日に5枚とすれば、1年で1000枚にもなります。そこで育てられる視点があれば、子どもの心は育ちます。

◆思いやりのない姿…

落ちた手紙がそのままになっている。その手紙に誰かが足跡をつけてしまう。それらの手紙が保護者のもとに届く。後ろの子に回す時、乱暴に、投げるように渡す。後ろも見ずに渡す。すぐに受け取らなかったり、渡さなかったりする姿を見て、いらいらする。こうしたことを1000回繰り返した時に心はどのように育つでしょうか。

◎…両手を使って「どうぞ」「ありがとう」

手紙を渡す時には、両手で手紙を「どうぞ」と言って渡す。受け取る時には「ありがとう」と言う。渡す時、受け取る時には、お互いの目を見ることも大切です。子どもとともに手紙配りで思いやるということはどういうことかを話し合っていけばいいと思います。他にも、後ろの子の人数とプリントの枚数が合っているか、合っていなかったら自分が取りに行こうという姿勢が大事なことも教えます。一番後ろの席の子が取りにくるようなことはありませんか？　もちろん、後ろからプリントを集める時も、「どうぞ」「ありがとう」ですね。

◎…もっと変化すれば…

教師がプリントを配る時に、子ども自らが教師のもとに取りに来るようにも指導します。教師が求めなくとも自然と行えた子をほめ、クラスの変化を促していきましょう。

✕ 配布の指導がないと…

後ろも振り返らず乱暴に渡している子はいませんか

いやだなあ～
ぐちゃぐちゃだ

○「どうぞ」の指導で変わる!

目を合わせ「どうぞ」「ありがとう」と言う指導で思いやりのあるクラスに

えらい!
足りないから
僕が取りに行こう
ありがとう
どうぞ

●どんな場面でも両手を使う習慣を

プリント配布で学んだことは、他のところでも使っていけるようにならなければいけません。筆記用具を渡す時、掃除道具を渡す時などなど。こうしたことは、子どもに求めるだけでなく、とにかく、教師が率先して、やり続けることが大切です。物の扱いは、人の扱いに似てきます。

28 気配りできる子にするノートの配り方の指導

物を配る時、その人の心が表れます。自分本位な乱雑な心、思いやりの心。あなたの教室ではどちらの心が見えますか。

◆配るだけでいいのか

ノートを配る時に、速く配ろうとして乱雑に配る姿が見られることがあります。ひどい時には、ノートを投げるように置く姿も見られることがあります。こうした姿を見逃し、指導しないようであれば、子どもの行動は向上するどころか、どんどんひどくなる可能性もあります。

◎…手に取りやすいように配る

ノートを配る時も思いやりが大切です。例えば、職員会議を思い起こしてください。あなたが、プリントを机上に置いていくときにどのように置きますか。すぐに手にとり、読みやすいように向きを意識して、置きますよね。では、子どもは、できないのでしょうか。そもそも、なぜ、しないのでしょうか。それは、知らないからです。教師が指導すれば必ずできるようになります。

◎…お休みをしている子のプリントも…

隣の席の子がお休みの時、プリントが配られたら、子どもはどうしているでしょうか。さっと、プリントを折り、机に入れる子どもに育てたいものです。このようなことも気付くかどうかです。気付きの多い子どもに育てたいですね。気付きの多い子どもになるには、教師自身に気付きが多くなくてはなりません。

✕ 速く配るだけだと…

ノートを乱雑に配っている子を見逃してませんか？

○ ノート配りも思いやりを

ノート配りも思いやりをもてば変わります！

●すべてはつながっていることを意識する

手の平を広げ、パーを作ってください。そして、すべての指先に力を入れてください。そこから、どれか1本だけ力を抜いてみてください。どうなりましたか？　どんなことも、どこかが抜けると、すべてが抜けてしまいます。たかがノート配り、されどノート配りです。

29 学力を伸ばす テスト勉強の指導

学んだことがしっかり定着しているか評価するためのテスト。テストの勉強の仕方も教えましょう。

◆高学年になると…

子どもは、家庭学習が自分でしっかりできていますか。もちろん、各家庭の協力も必要ですが、学校で指導できることもたくさんあります。特に、高学年になれば、家庭学習をきっちりしている子としていない子では、大きな力の差ができます。どのように学習すればいいのかもしっかり指導してあげましょう。

◎…練習問題で間違ったら…

日々、学習プリントやドリルを子ども達がしていると思います。それらの答え合わせが終わったら、間違った問題にチェックを入れさせます。そして、それらをその日と約1週間後にもう一度解かせるようにします。こうすることで、すべての問題を復習するのではなく、苦手な問題を重点的に練習できます。漢字テストの練習も、まずは、1回目は自分でテストを行い、丸付けし、間違った漢字を練習する。他の宿題を終わらせてから、もう一度、テストをするという方法を指導します。

理科や社会は、国語や算数に比べ、テスト問題に触れる機会が少ないものです。そこで、私は家の方にドリルを購入してもらうようお願いしています。それに合わせて、学校でも学習プリントを配布します。それらの答えになっている語句に教科書で線を引かせます。そうすると、テストに向け、何を覚えたらいいのかが明確になります。

✕ 家庭学習の指導をしないと…

テストが返って来たけど
どうすればいいんだろう？
？
しまっちゃお♪
○○テスト

テスト勉強をどうすればいいかわからず困っている子はいませんか？

○ 家庭学習の指導で学力アップ！

私はカード！
へぇ～！
私は
プリントで
……
僕はノートに
……

テスト勉強を教え合う時間をとってもいいですね

●テスト勉強をする時間を1回はとってあげる

どのようにテスト勉強をするのかを説明しても、すべての子が家で、1人でできるようにはなりません。授業の中で、どのようにすればいいのか確認する時間をとりましょう。テストがすべてではありませんが、テストの点数が上がることで、子どもの自信にもつながります。

30 失敗を次に活かせるテストの返し方

テストの点数で一喜一憂するだけでは、何のためのテストかわかりません。テストを活かし、学習の理解を深めます。

◆テストの結果から学ぶように…

テストの点数を見せ合ったり、テストの点数にがっかりして、そのままにしておいたりしている姿はありませんか。このようなことを放っておくとテスト返しをする度に教室は騒がしくなります。どうすれば、テストの結果から学び、活かしていけるのか？　教師自身が考え、指導する必要があります。

◎…テストを返してもらった後はどうするのか?

テストを返す前に、その後、すべきことを板書しましょう（画用紙などに書いておくと、黒板に貼るだけでOK)。その際、点数は、人に見せるものではないことも伝えましょう。

①テストを返してもらったら、直しをする（わからない場合は、先生か友達に質問する）

②テスト直しが終わったら、前に貼ってある答えを見て、丸付け

③テスト直しが終わった人はプラス1勉強

◎…直しがなかったり、終わったりした子はプラス1勉強

テスト直しが終了した子は、テストに関する知識を調べ、書き込んでいくようにします。例えば、「江戸幕府」という答えには、「徳川家康」、「現在の東京」など、書きこませていきます。テストが早く終わった子にも、このように書きこみをさせてもいいですね。

✕ テスト結果を見るだけだと…

テスト返しをしている時、教室が騒がしくなっていませんか?

○ 返された後の行動を指示!

やるべきことは可視化しておくことで、何をするのか理解できます

●テストの結果は指導の結果

テストは、子どもの学習の定着率をみるものです。つまり、教師自身は、自分自身の指導を見直すことが大切です。どうして、この点数だったのかを教師自身が分析し、指導の工夫をしていくことが大切です。当たり前ですが、子どもの責任にしているようでは、進歩はありません。

31 教師が見逃さずにすむ宿題の提出のさせ方

毎日の宿題はどのように提出させていますか。誰が提出していて、誰が提出していないか、毎日、把握していますか。

◆提出していないことを放っておくと

毎日の宿題提出を見逃していると、子どもはそれが習慣化していきます。少ない人数であれば、教師が確認できますが、40人に近い人数になると、チェックするだけで時間がかかります。では、どうすれば、教師がチェックしなくても、提出したのか、していないのかを確認できるのか。それを考えないといけません。

◎…学校に来たら、チェック表にチェックして出す?

いろいろな方法がありますから、どういう方法がいいのか、子どもの実態に合わせて試していきましょう。私も、いろいろと試しました。朝、提出したら自分の名簿にチェックする方法も試しましたが、これは、提出していなくても、チェックする子がいました。そこで、今は、班ごとに集めるようにしています。

◎…班で集めて提出する

朝の会が始まる前、班ごとに宿題を集めます。誰が何を集めるのかは、担当が決まっています。忘れ物がある場合は、紙に、誰が、何を忘れ、いつまでにどうするのかを書いてもらって、提出させるようにしています。全員が提出している場合は、何も出す必要はありません。ただし、これも、1つの方法です。学年や子どもの状態に合わせて、方法を考え、どんどん試してみましょう。

× 個人で提出だとチェックに手間が…

えっ！
あっ！
時間が…
おねがいしまーす
1、2、3…えーっと…
はい！

個人で提出させると、教師が確認しないといけない

○ 班で集めるとうまくいく！

まだ、漢字ノート出てないよ
2班の分を先に置くね
次は1班だよ
ごめんね〜

班で集めることで、誰が出していないかを相互チェックできるように

●宿題を忘れた時は…

宿題忘れは、いつまでに、どうするかを話せば、ＯＫとしています。しかし、その期限を守らなかったり、持ってくることを忘れたりすることが続くと、その日の休み時間、放課後を使い、提出させるようにしています。教師自身が、妥協しないことも大切です。

32 子どもとの時間を増やす宿題のチェック術

宿題の丸付けに追われ、子どもと過ごす時間が少なくなっていませんか。少しの工夫で、時間をつくることができます。

◆宿題チェックに追われないこと

宿題チェックに追われて、子どもと遊ぶ時間がないとよく聞きます。私は、宿題チェックも大切だとは思いますが、子どもとたくさん遊ぶことの方が大切だと考えています。また、掃除の時間に一生懸命、丸付けをしているようでは、子どもに掃除の大切さも伝わりません。宿題チェックを工夫して、時間をつくりましょう。

◎…漢字ノートは2冊準備、算数は最後の1問だけ

漢字練習は、毎日、宿題に出す人が多いと思います。漢字の丸付けは、とめ・はね・はらいをしっかり見ないといけないので、時間がかかりますね。そのため、私は、ノートを2冊準備してもらっています。宿題を預かって、放課後も丸付けできるようにです。また、算数は、最後の1問だけ丸付けをします。他は、自分で丸付けさせます。最後の1問だけ見れば、その学習の出来がある程度わかります。

◎…漢字の宿題も自分で丸付け

高学年になれば、漢字の宿題は自分で丸付けをします。そのかわり、毎日、漢字テストをします。自分で丸付けをすることで、漢字の写し間違いも減っていきますし、教師の時間も生まれます。その生まれた時間で、子どもとたくさん遊びましょう。

✕ 教師がチェックしてると…

休み時間中に
宿題チェック
しないと～！
先生、あそぼー！
ごめん！
無理。

休み時間にも宿題の丸付けでは子どもと遊べない

○ 子どもに丸付けさせよう!

よーし！外で遊ぼう！

宿題チェックを工夫し、子どもと過ごす時間を確保しましょう

●若いうちはとにかく子どもと時間を共にする

若い時は、授業がなかなかうまくいかないこともあります。その分、子どもとの時間をたくさん共有し、遊ぶといいと思います。球技が苦手でもいいんです。その場に一緒にいて、楽しむことに重きを置きましょう。遊びの中で発見できること、伝えられることがたくさんあります。

33 子どもを伸ばす課題で隙間時間を埋めよう

教室には、たくさんの隙間時間が生まれます。その時間、何もすることがなければ、子どもは騒がしくなってしまいます。

◆隙間時間に何をするのか

教師がプリントを配っている時間、早く活動が終わった子と時間がかかる子の時間のギャップなど、毎日、隙間時間がたくさん生まれます。子ども達は、短い時間や数回ならじっと我慢して待ちますが、これが何度も続くと、子ども達は騒がしくなってしまいます。

◎…隙間時間を予想して指示しておく

どんな場面に隙間時間が生まれるかを予想しておき、その時間に何をさせるかも考えておきましょう。問題を早く解き終わった子には、発表する時の台本を書いたり、自分の考えをより伝わるように図や絵などを描いたりするように伝えましょう。授業中に資料を配る時は、これまでの学習のポイントをペアトークで話し合わせます。手紙を配布させるときも、ペアトークで1日の学びを振り返るなどをさせます。

◎…指示がなくとも、自分で考えて動けるように

例えば、「立って、九九の2の段を10秒で言いましょう。言えたら座ります。」と指示したとします。早い子は数秒で座ります。活動が終わった後、「座って、周りを見ていた人、どうして座ってから2周目に行かなかったの？　2×16とかをやっても良かったよね。」と声をかけます。こういう風に、活動が終わった後、自分を磨くために何をするのか考え、行動できるよう声かけをしていきます。

✕ 隙間時間ができると…

うるさいなぁ…

早く活動を終えて、おしゃべりをしている子はいませんか？

○ 先に指示しておこう！

早く終わったから
ロッカーを片付けよう
時間をしっかり
活用してるな！

隙間時間に何をしたらいいのか、考えられる子どもに育てましょう

●どんなことも子どもに考えさせてみる

いつでも教師が指導してばかりだと、指示待ち人間の子どもを育てることになります。教師が指導したことをベースに、子ども達でどうすればいいのかペアトークなどで話し合わせて、何をするといいのか自分達で考えられるようにしていくといいですね。

34 授業を記録し、振り返ろう

日々の授業を振り返り、改善すると、授業は良くなります。教師のレベルアップが子どものレベルアップにつながります。

◆授業が上手くいかないのは子どもの責任ではない

計画した授業が上手くいかない原因を子どものせいにしていたら、いつまでも授業が改善されることはありません。自分の授業の課題に目を向け改善していくには、自分自身の授業を客観的に捉えなければいけません。

◎…自分の授業をビデオで撮影する

私は、自分の授業をできるだけ多く撮影しています。そして、次の日の授業準備をしながら、見ています。じっくり見る時間がなければ、横で流し、耳で聞くだけでもいいのです。自分で自分の授業を受けてみると、リズムが悪かったのがわかったり、授業中見えていない子どもの姿が見えたりします。また、説明が足りなかったり、逆に、くどかったりすることもあります。

◎…ポイントを絞って授業をし、振り返る

小学校の高学年の担任は、週29時間授業をします。毎日、準備が大変です。すべての時間のすべてのことに力を入れていくことは、難しいと思います。だから、今週は、算数の導入に力をいれようとか、社会科の調べる部分に力を入れようなど、ポイントを絞って行うことも良いでしょう。また、板書や子どものノートをデジカメで撮り、計画していたことの差をみることもやってみましょう。

✕「子どものせい」では変わらない

○○がわかる人は？
なんで手を挙げないんだ？

授業が上手くいかないことを子どもの責任にしていませんか？

○ 授業を記録し見直そう！

放課後…
うーん、発問のタイミングはここじゃなかったかな…
・・・・・・
・・・・・・

授業を自分で振り返る機会をつくりましょう

●サークルの仲間と

自分だけで、授業を振り返っても、気付きは1人分です。一緒に学ぶ仲間を探し、自分の授業を見てもらいましょう。そうして、いろいろな人のいろいろな視点で見てもらうだけで、気付きも増えます。そうして、改善できることもたくさん発見できます。

第3章

クラスがうまくいく！
教室環境のつくり方

35 机をそろえる指導のコツ

授業を始める時に、机がバラバラ。子どもが帰った後、机がバラバラ。これは教室での子どもの心の様子を表しています。

◆型が心をつくり、心が型を美しくする

教卓の前に立ち、教室を見渡してみてください。教室の机は、きちんと並んでいますか。もし並んでいなければ、授業を始める前に、きちんとそろえさせましょう。放課後、そろっていなければ、教師がそろえてから教室を出ましょう。型をきちんとすることが子どもの心を整えることになります。心が落ち着くと、自らそろえるようになります。

◎…机をそろえることを大切にする

机がきちんと並べやすいように、列の右側の机の前足を置く場所がわかるようにマジックで床に印を書いておきます。そうすることで、子どもがすぐに机をそろえることができます。授業の始まりに、机がそろっていない場合は、授業を始めません。言わなくても、整えられるようになる、子どもが違和感を気付くようになることが大切です。

◎…机をそろえる気持ちよさを体感する

机がそろっていると気持ちがいいと感じるには、逆も体感してみて、比較することです。4月、机をバラバラにし、ゴミをばらまき、だらっとした姿勢で3分授業をし、その後、すべてを整えて授業をします。比較してみて、どちらの方が気持ちが良いのか体感することで、きれいに整える良さを感じることができます。言葉で伝えるよりも、体で感じる方が伝わることもたくさんあります。

✕ 机がそろわないと…

やる気でないな〜〜

机がそろっていないクラスでは子どもも集中しない

○ 印でそろえるときれいに!

印に合わせてっ…と
いいね！
そろった！

机を整えてスタートし、机を整えて終わると心も落ち着く子どもに

●何日続くかな？

子どもがきれいに机を並べられている様子を写真に撮り、毎日、掲示します。そうすることで、誰ができて、誰ができていないか明確になります。ちなみに、机の横に物をかけるのもなし、または、最低限の物だけと指導しています。

36 机の配置のコツ

授業の形態、子どもの様子に合わせて、机の配置も変えます。配置にどのようなねらいがあるのか知り、工夫しましょう。

◆なぜ、その並びにしているのか?

教卓に向かって子どもが座っている。一般的な教室の光景。では、なぜ、その机の並びがいいのでしょうか。その並び方が日本で一般的になっているということは、何か良さがあるのです。しかし、それをわからずに、ねらいを考えずにやっているとしたら、プロとは言えません。

◎…どんな形、どんなねらいがあるのか?

机の配置には、大きく3つに分かれます。

講義型

一般的な形です。子どもがみんな前を向いているので、一斉指導はしやすいです。両サイドの机を斜めにし、教卓に向けることで、聞き手に体を向けて聴くということも徹底しやすいです。私は、4月は、教師からの話も多くあるので、この形で進めることが多いです。

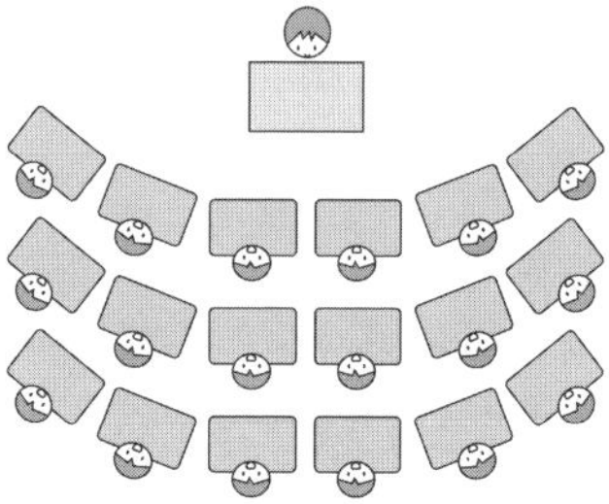

アイランド型

よく班活動をする時に使われる机の並べ方です。班で協力して活動したり、班で話し合ったりするなど、子ども同士のつながり、協力が生まれやすい机の並べ方です。ずっとこの形だけでなくても、講義型とセットで活動によって用いれば良いでしょう。

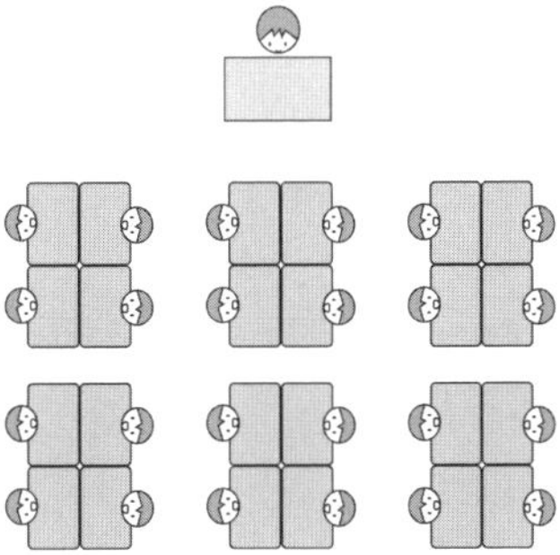

コの字型

会議のような机の配置です。子ども同士は顔が見えやすく、話し合いを活発に行えます。教師に体が向いていないので、子ども同士の話し合いのつながりを生むことができます。

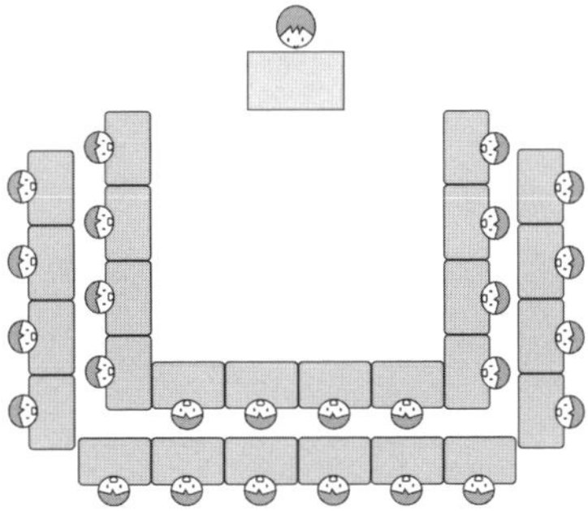

●机を後ろに下げて

黒板に資料を貼って、子どもに見せる時には、机をすべて後ろに下げて、子どもを黒板の前に集めることもよくあります。資料が見えないのは、席が後ろの子の学習権や学習意欲を奪います。また、物理的な距離が近いので子ども同士、安心感が生まれます。

37 席替えのやり方

子ども達が楽しみにしている席替え。何も考えず、くじ引きでするのも良いですが、そこにも子どもを育てる方法があります。

◆何のために席替えをするのか？

月に1回、くじ引きで行う、子どもが自由に選ぶなど、席替えにもいろいろな方法があります。ところで、席替えは、何のために行うのでしょうか？　どんなことが思い浮かびますか？　ねらいに合わせて、席替えの方法も考えましょう。

◎…1学期は教師が決める

私は、1学期の席替えは教師が決めることにしています。子どもには、「席替えは話し合いを活発にできたり、授業の理解が深まったりするためにするので先生が決めます。」と話します。まずは、視力の低い子を前にして、そこから、席を決めていきます。誰とでも話せ、誰とでも学び合える状態に子どもが育ってきたら、くじ引きなどで行います。席替えの時には、子ども達の表情から、それぞれの子どもが周りからどのように思われているのかも診断できます。

◎…別れと出会いの時は関係づくりの工夫を

席替えをする時には、席が近くだった人ともお別れです。そこで、ペアトークをしていた相手の良いところを書いたメッセージをプレゼントします。メッセージは連絡帳に貼り、保護者の方も見られるようにします。新しい席になったら、席の近い人との出会いがあります。指相撲や腕相撲、インタビュータイムなどを通して、親交を深めます。

1学期は先生が決める

よろしくね♪
初めてだね
おとなりだね♪
あ！○ちゃんだ！
次、○○くん
そのうしろが□□さん
……

教室の仲が深まるように（前学年のクラスや男女も意識して）

仲良くなる工夫も!

よろしくね♪
えいっ！
強いね！
ありがとう！

席替えを機にコミュニケーションを深めよう！

●子ども達に選択させることも

次のことを伝え、子ども達に自分でペアを探し、席を自由に決めさせることもあります。自分で決めることで、意欲が高まります。

①この人とペアトークをしたら、伸びる・伸ばせる、②普段あまり、関わりが少ない、③異性。

38 靴箱の靴をそろえる指導

靴箱を見れば、そのクラスの子どもの育ちがわかります。靴をしっかりそろえることで、心が育ちます。

◆「履物をそろえると」

こんな詩があるのを知っていますか？この詩を下駄箱に貼っています。

はきものをそろえると　心もそろう　心がそろうと
はきものもそろう　ぬぐときにそろえておくと
はくときに心がみだれない　だれかがみだしておいたら
だまってそろえておいてあげよう
そうすればきっと　世界中のひとの心もそろうでしょう

◎…靴をきちんとそろえるためには…

靴がきちんとそろうには、最初にみんなで並べ直しに行き、どういう状態がきれいな状態かを確認します。その日の放課後、靴箱の全体写真を撮り、教室に掲示します。きちんと並べられている子には○をつけておきます。駄目な子には、×をつけておきます。同時に、班ごとにどうすればみんな、丸がつくかを話し合わせます。

◎…靴が置手紙を残して去っていく…

靴が乱れていたり、かかとを踏んでいたりする子どものロッカーには、置手紙をします。その内容は、「○○さん　あまりに粗末にされるので辛くなりました。旅に出ます。探さないでください。 クツオより」というように。教師も指導を楽しむのも1つの方法です。

× そろえることを教えないと…

めんどくさいから
かかと踏んじゃえ！
おっとっと♪

靴箱がきれいか、きれいでないかでクラスの状況はわかります

○ 少しの工夫で子どももわかる！

今日のくつ箱
うわっ、それボクだ！
ごめん、直してくる！
ここ、ちょっと
おしいね～
結構
キレイだね
成功！

教室の後ろに毎日、靴箱の写真を掲示します（定着するまで続けます）

●全校で取り組む

自分のクラスができれば、他のクラスにも広げていくことが大切です。子ども達に呼びかけ、ポスターを作って掲示したり、他のクラスの靴箱が乱れていたらそっと直したりするよう呼びかけます。係活動で呼びかけてもいいですね。学校の文化として根付かせましょう。

39 持ち物の整理整頓 ロッカーの中

教師が授業をしながら、いつも目に入る教室後ろのロッカー。そこにも、子どもの姿が見てとれます。

◆ロッカーの中から物が飛び出している…

いろいろな学校でいろいろな教室をみると目に入るのが教室のロッカーです。そこからランドセルが飛び出していたり、給食袋が飛び出していたり、よく見ると、隅にはほこりがたまっていたり…。逆に、きれいにロッカーに荷物が収まっているクラスもあります。これだけで、教室の子どもの様子はわかります。

◎…ちゃんと入れるとはどんな風に入れるのかを確認する

今までそれぞれが思うようにランドセルなどを入れています。だから、「ちゃんと入れましょう」と言っても、それぞれの「ちゃんと」は違います。そこで次のようなことを指導します。

①ロッカーの物はまず出す。体操服袋は最後に入れる。
②ランドセルの向きをみんながそろえて入れる。
③給食袋もしっかり入れ、最後に体操服袋を入れる。

◎…可視化しておく

「ちゃんと」と言っても個々の基準が違います。そこで、みんなで確認した後のロッカーを写真にとり、手順も画用紙に書き、教室に掲示しておきます。そうして、可視化し、みんなができるようにします。

「ちゃんと」の状態を教える

ランドセルの位置、
体操服袋の位置、
給食袋の位置、
覚えたかな？

まずは、みんなでロッカーに入れている、状態を確認しましょう

「ちゃんと」の状態を可視化する

ロッカーせいりの手順
①
②
③
手順通りに
入れてみよう！

可視化することで、できているかどうかが明確になります

●できていない子よりできている子を数える

できていない子を叱るより、できている子に良くできていることを伝えてあげましょう。できていない子のロッカーは声をかけるか、教師が直してあげてもいいでしょう。常に、できている状態をキープすることで、それが当たり前になることが大切です。手立ては、無限にあります。

40 持ち物の整理整頓 お道具箱

子どもの机の中のお道具箱は、きれいに整っていますか？
お道具箱は子ども自身が、毎日、目にしています。

◆必要な物がすぐに取り出せますか

子どもの机の中にあるお道具箱の状態は、普段は、なかなか目に見えません。それだけに、子どもの育ちがよく表れます。「のりを出しましょう」と言って、すぐに取り出せる状態になっているでしょうか。手紙類はしっかり保管されているでしょうか。お道具箱をきれいに整理・整頓できるように指導しましょう。

◎…お道具箱をみんなで整理・整頓しましょう

お道具箱の中の物をいったん机の上にすべて出させ、必要のない物は捨てさせましょう。その後、良く使うものを手前へ、あまり使わないものは奥へ入れさせます。その際、必要のない物は家に持って帰らせます。子どもには、クリアファイルを準備させ、手紙を保管させます（準備できない場合は、準備できるまで貸し出します）。

◎…しばらくは、毎日、机の上にお道具箱を出して帰ります

さようならのあいさつをした後、机の上にお道具箱を出させてから帰るようにします。そうすることで、毎日、整理・整頓ができているかをチェックできます。ある程度、定着してきたら、やめます。しかし、また、乱れているようなら再度、行うのもいいでしょう。

✕ 子ども任せにしておくと…

子どもの準備の悪さを本人のせいだけにしていませんか？

あれ〜、なんか机のなかがぐちゃぐちゃだよ〜！
まったく、もう！

○ 最初は毎日チェック！

帰りは机の上に出させて、毎日、チェック！

★放課後の教室で…
はさみ、のり、パンチ
クレヨン…よし！

●うまく整理できない子への手立て

整理がうまくいかない子・できない子へは、お道具箱の底に紙を入れ、どこに何を置くのかを明記します。他には、牛乳パックを使って、仕切りを作ることもいいでしょう。班やペアでチェックし、だんだんと自分でできるような手立てを考えましょう。

41 掃除道具を整える指導

掃除ロッカーの中や雑巾はきれいに整っていますか。終わりは始まり。片づける時は、使う時を意識して片づけます。

◆見た目もきれいに整える

掃除を始めようと掃除ロッカーを開けると、中からほうきが倒れてくる、雑巾は無茶苦茶にかけている…。掃除道具を大切にしていない様子を見るだけで、どんな掃除をしているのかがわかります。特に、雑巾は廊下にあり、廊下を歩く度に目にします。きちんときれいにかかっているだけで、見ていて気持ちいいですね。

◎…きちんとできるように手立てを打つ

道具をきれいに扱う人は、人も大切にする人に育ちます。道具を大切に扱う第一歩として、掃除道具をきちんと片づけるようにします。そのためには、手立てが必要です。まずは、掃除ロッカー。掃除ロッカーのドアには、きちんとしまった状態の写真を貼っておきます。4月は、掃除が終わるときちんとできているか子どもと一緒にチェックしましょう（どうしまうといいか考え、工夫しましょう）。

◎…雑巾も丁寧にかける

雑巾をきれいにかけるためには、かけたときに「①それぞれの端をそろえる、②雑巾の角と角をそろえる、③風で飛ばないよう洗濯ばさみではさむ」ようにします。端をそろえるためには、雑巾にビニールテープで印をつけます。かける時には、ビニールテープが隠れるようにすることで、きちんとそろいます。

すぐ取り出せるように

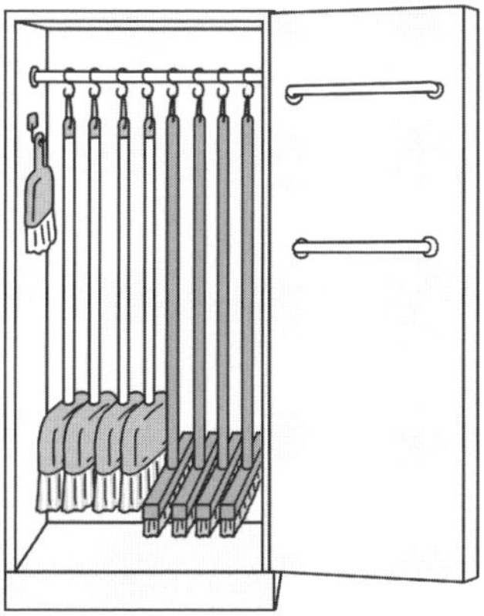

掃除道具入れの中はすぐに取り出せるようにしましょう

印をつけて指導を

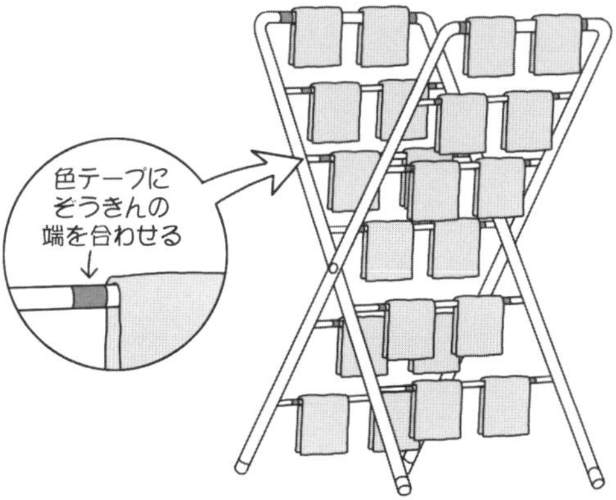

雑巾かけにきれいに雑巾がかけられるように工夫しましょう

●何事も両手で

友達と道具を受け渡しする時には、お互い両手でします。両手ですると、動作が丁寧になり、道具を丁寧に扱うようになります。また、机を雑巾で拭く時には、利き手に雑巾をもったら、逆の手はしっかり机をつかむようにします。掃除も両手を使ってやるといいですね。

42 本棚をそろえる指導

教室には、学級文庫用の本棚があります。それらの本はきちんと並んでますか？

◆次、読む人のことを考える

　本棚に、本の背表紙が読みやすいように置いてありますか？　本を無理矢理ねじ込んで入れていたり、逆さを向いていたり、ひどい場合は、本の上に重ねるように置いてあることもあります。急いでしまったんでしょうか。これでは、次に選ぶ人が気持ちよく本を選ぶことができません。次に読む人のことを考えられるといいですね。

◎…本がきれいに並べられる

　本をきれいに並べるには、ブックエンドを準備してあげましょう。種類によって、区切っておいてあげると、それに合わせて直すことができます。また、きれいに並んでいなかったら、必ず、子どもの前で教師がきれいに直してあげましょう。教師が直す姿を見て、子ども達も真似ていきます。

◎…修繕もきっちりと

　本が破れたまま並べていてはいけません。学校の国語辞典などは、何年も使っていたら何ページかが取れてしまうこともあります。そうしたものを気にせず、そのままにしている時は修繕するように指導しましょう。その際には、子どもに任せるのではなく、子どもと一緒に教師も修繕を行います。何事も率先垂範。教師自らが取り組む姿勢が大切です。

高さ順でそろえる

本は高さ順に並べてみることで見た目もきれいに

本が探しやすい！
そろってると気持ちがいいよ！
学級文庫

教師が修繕しよう

修繕は子どもだけには任せずに教師が気付いたら教師自ら行う

メンディングテープなら、光らなくて読みやすいな…。

●代表者に任せることも大切

教室で、読書の時間を行い、終わった後、子ども達が本をしまいに一斉に行くと、どうしても直し方が雑になります。そこで、本棚に早く着いた2人がきれいに直したり、その子の近くにいる数人がみんなの本を集めて並べたりすると、短時間できれいにできます。

43 教師の想いが伝わる掲示物の貼り方

どんなものを、どのように、どこに掲示しているのかで、教師の想いが伝わります。

◆乱雑に、乱れて掲示していませんか

教室には子どもの作品や教師が制作したものが掲示されています。子どもには、丁寧に作品を仕上げましょうといいながら、掲示をする際に、傾いていたり、しっかりと留められていなかったりすることがあります。それは、子どもに「あなたの作品は大切ではないんだよ。」と伝えていることになります。あなたの教室は大丈夫ですか？

◎…丁寧に貼ることを心掛ける

教室の掲示物の4隅をきちんと押しピンで留めましょう。掲示する際は、まずは上側の2つを留めて、均等に貼れているかを確認します。見た目にも傾きなどがなければ、下側も留めます。後ろに掲示する時には、一度、教卓の側に立ち、歪みがないかを確認しましょう。

◎…意図をもって掲示する

教室の様々な掲示は、どのような意図で貼っていますか。例えば、場所。黒板の周辺はあまり掲示しないことで、注意散漫な子どもへの支援にもなります。話し合い用の掲示物も1年中貼るのではなく、子どもに定着すれば外しましょう。子どもの状態によってつけたいスキルも変わるので、それに合わせて作成して貼ることも考えましょう。1年中、同じものを貼っているということは、大切にしていない、意識していないということと同じです。

✕ 乱れた掲示板だと…

曲がってる？
少しぐらいいいよ…
気にしなーい！
どうせ見ないし
読めれば
いいじゃん？

教室の掲示物に教師の想いが出ています

○ 意図のある掲示が大切

このスキルは
定着したから
とっておこう！

それぞれの掲示物に意図を込めて掲示しましょう

●学級目標を意識させるには

4月に決めた学級目標を教室前方に掲示しているクラスは多いと思います。しかし、時間とともに、飾りになってしまってませんか。学級目標も学期ごとに子ども達と話し合い、変更してもいいものです。そうすることで、常に、学級目標を意識するようになります。

44 温かみが伝わる掲示物の作り方

教室の掲示物をあなたは、パソコンで作りましたか？　手書きで作りましたか？

◆思いを込める

パソコンで掲示物を作ると、その後、何年も使うことができます。また、1人が制作すれば学校全体でシェアできるなど、便利な面はたくさんあります。しかし、その一方で、掲示物への教師の想いも薄れていきます。また、自分で制作していない場合は、目の前の子どもにとって必要なものであるのか、理解しやすいものかはわかりません。

◎…温かみのあるものを掲示する

手書きの物とパソコンで作ったものを比較すると、温かみが違います。教師には、父性（厳しさ）・母性（優しさ）・子ども性（楽しさ）のバランスが大切です。教室の掲示を手書きにするだけでも、母性発揮につながります。ぜひ、教室掲示を手書きで制作してみて、自分自身で感じてみてください。

◎…学習内容も掲示

学習で学んだキーワードを掲示すると、授業での話し合いで、それらを子どもが使って、自分の考えを述べるようになります。また、それらを活用して、隣の席の子と問題を出し合うなど、既習事項の定着を図れます。また、新しい単元に入った際に、学習計画を立て、それを掲示しておくことで、学習への意欲が上がるだけでなく、予習や復習で何を行えばいいのかもわかるようになります。

✕ パソコンは簡単ですが…

掃除当番
給食当番表
話型
「はい、…です。」
「わたしは、…だと思います。」
堅苦しいよね
あじけない～
得意のパソコンを駆使して
作ったのに…不評だなぁ

その掲示物は自分で作成しましたか？

○ 手書きは温かみが伝わる

聖徳太子
十七条の憲法
法隆寺
法隆寺は
何県にある？
えーっと…
いい問題だね！
わかった！

目の前の子どもの状態に合わせたものを作成して、掲示する

●子どもにも制作してもらう

学級は、教師だけでつくっていくものではありません。子どもが主役です。そこで、学級掲示も、子どもと共に作っていくことをお勧めします。子どもの作ったものですから、見た目の美しさはないかもしれません。しかし、子どもが丁寧に作れば、クラスへの愛着もより増すでしょう。

第4章

意外に指導しにくい場面への対応のコツ!

45 教師の態度が子どもに伝わる

人と人の間では言葉以上に伝わるものがあります。教師がどう子どもを思っているかは、すべて伝わっています。

◆子どものいない所で…

子どもがいない所で、子どものことを悪くいっている教師がいます。子どもがいない所で言っているから、子どもには伝わらないと思っているのかもしれません。しかし、そうしたことは、その先生の雰囲気として体をまとい、確実に子どもに伝わっていくと思います。また、日々のちょっとした行動から子どもは多くのことを学んでいます。

◎…教師の無意識はすべて伝わっている

例えば、枯れてしまった花を何日か放置しているということは、子どもに植物の命なんて大したことはないんだよと教育していることになります。教師からあいさつをしないということは、あいさつなんてしなくていいんだよと教えていることになります。忘れ物をして困っている子を叱ってより困らせるのは、困っている人は助けなくても良いんだよということを教えていることになります。自分の行動が何を子どもに伝えているのかを考えると行動は変わっていきます。

◎…文字にはできないこと

人間の体からは、心で思っていることがグングン出ています。文字では、なかなか伝えにくいのですが、本当に伝わります。子どもをどのような思いで包んでいるのかを意識してください。温かい教室は、誰よりも教師自身がつくっていくものです。

✕ 子どもの悪口は伝わる

うーん
今のキミもねぇ…
あの子はねぇ〜…
ボリボリ

子どものいない所で子どもを悪く言ってませんか？

○ 教師の想いは伝わるもの

子どもへの想いが子どもには確実に伝わります

●子どもが帰った教室で出席をとってみる

子どもが帰った教室で出席簿を見ずに、出席をとってみてください。誰がどこに座っているか、全員間違わずに言えますか？　日々、子どものことを実際は見えてないのではないでしょうか。見えていないことがわかった時、教師は子どものことをもっと見ようとします。

46 一人ひとりを大事にする指導①

教室の子ども一人ひとりがかけがえのない存在です。一人ひとりを大切にする、何よりも重要なことです。

◆その子にとってはたった1人の担任の先生

私は、去年、クラスに42人の子どもがいました。教師からしたら、42人ですが、子どもにとっては1人だけの担任です。懇談会や家庭訪問も同じです。教師は何人もと話すかもしれませんが、保護者の方にすれば一度だけの大切な時間です。自分から見るだけでなく、相手から見て、どのように見えているのかを考えると関わりも変わります。

◎…誕生日や名前を大切にする

42人の担任をしていた時、私は、毎日、42人の子と交換日記をしていました。一人ひとりと向き合う時間をつくりたかったからです。他にも、毎年、誕生日にクラスみんなでその子の良いところを書いた色紙をプレゼントしています。また、4月担任が決まった時、その子の名前の漢字を見て、どうしてその子の保護者がその名前を付けたのか想像します。そうすることで、一人ひとりがかけがえのない存在だと改めて感じられます。

◎…毎日、何度も関わる

とにかく全員と関わります。関わりを多くします。スキンシップも大切にします。その中で、発見した子どもの良さや成長は必ずメモしておきます。それをノートにまとめ、誰でも閲覧できるようにしたり、毎日の学級通信に書いたりします。

✕ 一人ひとりが見えないと…

今日一日で関わらなかった子はいませんか？

○ 一人ひとりに1日何度も関わる！

子どもとの関わりは自分から生み出すように心がけましょう

●いろいろな方法を考える

同じ学年の先生から「学級通信を出さないで」と言われた時は、他の方法を考えるチャンスです。私は、そのときにありがとう帳（毎日、2、3人の子どもの良さをノートに書く）や1日1件保護者に電話することを行いました。今では、たくさんのアイデアをもっています。

47 一人ひとりを大事にする指導②

教室には自然と目立つ子もいれば、あまり目立たない子もいます。どの子にもスポットを当てるのは教師の大切な役割です。

◆パレートの法則を知っていますか?

集団を形成すると、A良くできる子:Bどちらでもない子:Cうまくできない子=2:6:2になるといわれています(これは、教科や行事によって日々変わります)。AやCの子には、よくスポットが当たります。しかし、Bの子にはスポットがあまり当たりません。所見を書く時、思いつかない子もBの子ではないでしょうか。

◎…Bの子にスポットを当てる

教室がうまく回るか、回らないかはBの子がAかCのどちらに影響を受けているかに関係しています。Aの子に影響を受け、そちらに向かっていくには、教師自身が声かけを意識することです。教室が上手く回っているのは、教師の評価に左右されず、黙々と陰日向なく動いている子ども達のおかげも大きいのです。その子達に「いつもありがとう」と声をかけられる教師は素敵ですね。

◎…誰かが何かできるようになった時は…

誰かが上手くいった時には、自然とその子にスポットが当たります。教師は、その子がなぜできるようになったのか、そのムードは誰がつくったのかを伝えてあげることが大切です。実際、教師が個別指導できるということは、自分達だけで取り組める子が多いからです。そのことを見逃さず、声かけしていきましょう。

✕ 目立つ子だけ見てると…

いつも同じ子ばかりに目がいっていませんか？

○ 普通の子にこそ声かけを

陰日向なく取り組んでいる子にスポットを当てましょう

●子どもの成長を伝える時間

月に1回は、一人ひとりの成長をみんなに伝える時間をつくっています。この1ヶ月でどう変化したのかを、子どもの前で伝えます（半分ずつなど人数は工夫しましょう）。その後は、子ども達が自由にそれぞれの成長を伝え合う時間をつくっています。

48 叱るよりも効果のある忘れ物の指導

人間だから忘れ物はします。ゼロにはなりませんが、ゼロに近づけることはできます。叱っても、ゼロには近づきません。

◆忘れることによって

忘れ物をすることは、仕方ありません。しかし、忘れ物をして、平気では困ります。私は、忘れ物をしたら、どのような迷惑がかかるのか話すようにしています。自分の教材研究ノートも見せながら、計画していたことができなくなることも伝えます。だから、忘れたら、授業までに自分で準備しておくように話しています。

◎…忘れたことは叱らない

もちろん話をしただけで、忘れ物がなくなるわけではありません。私は、忘れ物をした子がいたら、準備していたものを親切に貸してあげます。日々、困っている人には、親切にしましょうと言っていますから。子どもの忘れ物について叱る時は、忘れていることを反省していない、借りた物をちゃんと返さない時です。特に、借りた物は、借りる前よりきれいにするくらいの気持ちで返すように指導しています。

◎…どうすれば忘れ物をしなくなるのかを話し合う

忘れ物をした子に教師がイライラとし、せっかくの授業の雰囲気がこわれてしまうと、しっかりと準備した子が損をします。だから、忘れたことにイライラしていてはいけません。子ども達も、忘れ物をしたくてするわけではありません。どうすれば、忘れ物がなくなるのか。ペアや班で話し合いをもたせてみましょう。

✕ 怒るだけでは意味がない

忘れ物に対してイライラし、授業に引きずっていませんか?

キーンコーンカーンコーン♪
えっ！
もう授業始めるのに…
先生〜、教科書忘れました

○ 対処法を教えよう

忘れ物をしたことは叱らず、忘れたらどうしたらいいのか指導する

休み時間に…
先生、理科の教科書を忘れたので、借りてきます。
はい、わかりました。

●保護者にも協力してもらう

忘れ物がひどい時には、必ず、保護者にも協力してもらいましょう。現状を話し、しばらくは家庭でも忘れ物がないかをチェックしてもらいます。6年生でも、できていなければ指導しましょう。最終的には、本人の意識が変化しなければ、忘れ物は減りません。

49 子どもを成長させるもめ事の指導

教室でケンカが起きると、さらに集団として仲が深まるチャンスです。問題は、成長のステップです。

◆良いクラスの条件は

どんなに良いクラスでももめ事は起こります。教師は、できるだけ問題が起こらないようにと願いますが、問題を通してしか学べないこともたくさんあります。良いクラスは、問題をステップに成長できるクラスです。

◎…もめ事はどんなときも可視化する

子どものもめ事の様子を聞く時は、個人的に聞く時も、全体で話し合う時も、必ず可視化します。全体で話し合う時には、黒板を使います。そして、次のような手順で進めます。(例　AとBのケンカの場合)

①Aの言い分を聞く（時系列で。相手が口をはさんだら、後で聞くことを伝える）

②Bの言い分を聞く（Aの話を聞いて違うと思った所）

③ペアトークでどうすればこのケンカは起きなかったかを話し合い、発表する

④みんなの意見を聞いて感じたことをAとBに話してもらう

⑤教師が感じたことを話す

まずは、2人の言い分をはき出させ、全体が話し合っているうちに、熱が冷めるようにします。そして、最後は、「どうすればケンカにならなかったと思う？」と問い、自分にスポットを当てさせて、考えを述べさせます。

✕ 可視化をしない対応だと

子どもがそれぞれ言いたいことを言って、終わってませんか？

○ もめ事は必ず可視化を

子どものもめ事は、必ず可視化してあげましょう

●無理に「ごめんなさい」は言わせない

ケンカの終わりに「ごめんなさい」を言わせる教師がいます。しかし、謝罪の意味は指導しても、謝罪の言葉は教師が求めるものではありません。「今、すぐにごめんなさいっていう気分にはならないよね。自分で言おうと思ったら伝えてね」と言うくらいで良いと思います。

50 子どもの意識を変える全校朝会の指導

全校朝会は、それぞれの学校で頻度は違いますが、教師の意識で、ここでも子どもに力をつけられます。

◆指導されていない状態は…

全校朝会が始まる時間の少し前から、整列をしているクラスと、まだほとんど並べていないクラスがあります。前者は、朝会中もしっかり話しを聞いています。後者は、朝会が始まってもなんだかだらだらし、おしゃべりをする子もいます。始まる前に、スイッチが入っているか、いないのか。どうすればスイッチが入るのか考えていきましょう。

◎…校長先生の話はどんな話だった?

朝会が終わり、「朝会の校長先生の話はどんな話でしたか？」と聞きます。何人の子が答えられるでしょうか。教室で、校長先生がどんな話をしていたかペアで話させ、紙にまとめ、そこに自分の考えを書かせる活動をします。そうすると、話の聞き方も変わってきます。

◎…教室を出る時から、入る時まで

朝会は、6年間あります。曜日も、時間も変わりません。つまり、「先から今」を見ることがとてもやりやすいです。何時何分には、移動をはじめ、並び始めるのか。集合の音楽が流れない日もあります。だから、自分で時計を見て動きます。そうして、自分から動き始めることで自分にスイッチを入れることができます。また、朝会終了後は、行進し、列を崩さず、無言で教室に戻る。どこまでできるかを子ども達と話し合いながら、チャレンジしていきましょう。

× 指導されてないと…

全校集会が始まってもスイッチが入っていない子はいませんか？

○ 問いやゲーム化で指導すると変わる！

教室を出る前から教室に戻るまでが朝会です！

●他の学年の手本になっていく

高学年になれば、自分達がしっかりするだけでなく、他の学年の手本にどうすればなっていけるかを話し合うことのもいいでしょう。そうすることで、あいさつや話の聞き方、行進などのレベルも上がっていきます。今でよしとせず、どうすれば更に進化・成長していくか考えましょう。

51 音を立てない教室移動の指導

足音は1人分では気になりませんが、それが大勢になると、とても大きな音になります。足音をなくすことも思いやりです。

◆他の学級の足音を聞いてみる

授業中、他のクラスが教室移動をすることがあります。その時は、授業を中断し、足音を聞きます。他のクラスの足音から足音がどれくらい迷惑になるのか感じさせます。音を立てないことが他のクラスへの思いやりであることを感じられるようにします。

◎…移動の時に気をつけることを教える

足音を鳴らさないためには、かかとから足をおろさないといけません。また、階段はつま先からおろすと音は鳴りません。また、移動する時には、前の人と間を開けないように歩かせます。これは、遠足にもつながります。集団で移動する時には、「クラスで1つの生き物なんだよ。」と伝えます。そして、間に人が横切る時には、道を譲り「どうぞ」と声をかけるよう指導します。そのためには、いつも周りに注意を払わないといけないことも教えます。移動中、それ以外のおしゃべりをした時は、教室からやり直しです。

◎…教室から素早く出ることを意識化させる

4月はストップウォッチで教室移動の時間を測ります。移動する方向に先頭の子がさっと並び、その後ろに並ぶタイムを測り、教室に掲示します。このように素早く動けることは避難訓練にもつながります。

× 自分たちの音に気付かないと…

教室移動は音を立てずに移動できていますか？

○ 音を立てない指導で変わる！

音を立てないこと、列を縮めることも思いやりです

●教室の中でも「足音」を意識させる

テストを前に出す時や友達のノートや作品を見て回る時も足音を意識させます。子ども達の足音が気になる時には、必ず、「自分の足音を聞いてごらん」と言います。どんな場面でも、音を意識させると、意識して「静か」をつくろうとするようになっていきます。

52 静かにスムーズに、健康診断の指導

毎学期、保健室で様々な健康診断をします。子どもに指導をしておくことで、スムーズに気持ちよく、健康診断が進みます。

◆指導していないと

保健室に入ってもあいさつしない、お礼を伝えられない。また、待っている間にざわざわとしてしまう。そうした状況が起きてから指導しても、声をかけた後、数分は静かで、また、ざわざわとしてしまいます。何事も事前に指導しておくことが大切です。

◎…どんなことがあるかを事前に話しておく

保健室に行く前にどのような流れか、どこで何をするのかを事前に子どもと確認します。靴を脱いだらどこに並べるか、入る時にはどんなあいさつをするか、どのように並ぶか、検査してもらう時にはなんと言うのか、保健室を出る時はどう言うのかなど、確認すべきことはたくさんあります。もちろんこれらを教師が伝えるのも良いですが、子どもに考えさせるのも良いでしょう。

◎…出席番号10番以降は…

健康診断は、待ち時間が長いので待っている間、出席番号10番以降の子には読書ができるように本を1人1冊持っていくようにしています。

先に帰ってきた子が、何をしておくかの指導は行っていると思いますが、待ち時間も、何をしておくのかを考えておきましょう。これも隙間時間を埋めるということにつながります。

✕ 後手の指導ではうまくいかない

待ち時間、退屈して、もぞもぞしている子どもはいませんか?
うるさいなぁ

○ 事前指導で見違える!

何をすべきかを事前に指導するだけで変わります
これは?
右!

●振り返りの時間をつくる

健康診断に限りませんが、どの場面でも、活動後、子どもに簡単な振り返りの時間をつくります。まずは、5点中何点かを指で出します。それがどうすれば、5点になるのかをペアで話し合わせます。もう一度、5点中何点かを指で出させ、何人か指名し、発表させます。

53 子どもを真剣にさせる避難訓練の指導

避難訓練をする際は、本番を想定しないと何の意味もありません。子ども達をどれだけ真剣にさせられるのかは教師次第です。

◆避難訓練を真剣に考える

2011年3月11日、東日本大震災が起こりました。直接被害にあってない人も映像を通して、恐ろしさを感じたと思います。また、子どもの命を救う難しさも感じたと思います。私自身、被災地へ何度も行き、被災された方からお話を聞く度に、自分の避難訓練に対する認識の甘さを感じ、改めて考え直すきっかけになりました。

◎…避難訓練に90点はない

避難訓練をして､その後の講評で「今日の避難訓練は90点でした。」と言う言葉を聞くことがあります。しかし、本当の避難に90点はなく、0点か100点しかありません。誰か1人でも命を失ったり、大きなけがをしたりすれば、0点です。90点というのは本番を想定していない、平和ボケした言葉です。子どもにも、そのことを強く伝えます。

◎…避難訓練の前に映像を見せる

避難訓練の時は、子どももイメージをもてるよう、映像を見せることもあります。口頭で伝えるだけではどういう気持ちで臨めばいいのかわからない子もいるからです。また、普段の教室移動から、避難訓練を意識して行っています。いざという時に、自分達だけで動けるかどうかが大事です。

× 訓練の意味が伝わらないと…

避難訓練中に緊迫感はありますか?

○ 災害の映像で重要性を伝える

避難訓練に90点はありません。常に100点でないといけません。

●本番を想定して

教師も本番を想定しないといけません。例えば、子どもの名簿は、全学年まとめた物を準備し、鉛筆と何枚かの紙を一緒にファイルしておき、それを代表者が持ち出します。校内放送もダメになることを想定して、放送を使わないなど、最悪を想定して訓練します。

54 一緒に取り組むことの指導

教師が教室の空気を温めようと何かゲームなどをしても、場のムードを乱す子がいます。その子にどのように対応しますか？

◆教師も場のムードを悪くしない

アイスブレーキングをしようとゲームを教室でしようとしても、子どもが乗ってこないことがあります。また、ふざけてゲームの雰囲気を壊してしまう子もいます。そうした時、教師自身が楽しむことを忘れ、指導ばかりしたら、空気を冷やしてしまいます。しかし、指導しないわけにはいきません。あなたは、どうしますか？

◎…叱る以外の方法を考えておく

何かゲームをする時には、どんな問題が起こりそうかは予想ができます。その予想をせず、実践するから、そのような場面で焦ってしまうのです。事前に叱る以外の方法を考えておくことです。例えば、男女対抗にするとか、班対抗にすることもいいでしょう。教師がそのチームに入り、リードしてあげることも良いでしょう。そうすれば、教師ではなく、友達が行動を正してくれます。教師は、場を温めること、楽しむことに専念できます。子どもは、ルールではなく、ムードに従います。もちろん、子どもの状況に合わせてゲームも選びましょう。

◎…問題行動をクリアした瞬間を見逃さない

問題行動をクリアした時には、すぐに評価します。みんなの手を止め、皆の前で伝えてあげます。特に、それを改善しようと中心になっていた子にスポットを当てるようにします。

✕ 教師が空気を悪くしてませんか

場の空気を乱す子に教師がイライラしていませんか？

イラッ
やりたくない
いっしょにやろうよー
しらけるな～

○ ムードを変えるワザを持とう

子どもはルールではなく、ムードに従います

よし！やる気になったぞ！
せぇーのっ!!
女子もやる!
これなら面白いな！

●予想の大事さは授業も同じ

授業も同じです。指導案のうまくいく時の流れを考えたら、もう一度、どこで、どのようにつまずくかを予想し、それに対する支援を考えておくことです。予想していれば、余裕をもって対応でき、教師が空気を冷やすことはなくなっていきます。

第5章

職員とも保護者ともハッピーになる仕事術!

55 新任時代の心構え

新任時代はたくさんのことをいろいろな人に教えてもらいます。だからこそ周りに何ができるのかを考えましょう。

◆自分の見えない所で支えられている

新任時代は、校務分掌もほとんどありません。周りの先輩は、新任先生のことを気にかけ、いろいろな仕事を、新任の先生が気付かないうちに終わらせてくれています。新任時代は、特に、支えてもらっていることが多いのです。

◎…誰の仕事でもない仕事を懸命にする

では、何ができるのか。それは、誰の仕事でもない仕事を一生懸命することです。それは、例えば、職員室の掃除やゴミ捨て、コピー機の用紙の補充などたくさんあります。自分から、他の人の役に立つことを一生懸命するといいと思います。

また、朝や休み時間、放課後は進んで運動場にいき、他の学級の子どもともたくさん遊ぶといいですね。

◎…人の3倍働く

研究授業でも、他の仕事でも、何でも進んでチャレンジしていくといいですね。やる前にできるか、できないかを考えると、人は多くの場合、損得やできない理由を考え、結局、チャレンジしません。できるか、できないではなく、やるか、やらないかです。いろいろなことが、上手くいかないことは当たり前です。そこで、自分を見限るのではなく、失敗から学ぶ気持ちでいるといいですね。

✕ 周りに気付かないと…

自分のことだけで精いっぱいになっていませんか?

○ できることを探そう!

自分にできることを探し、進んで動きましょう

●丸付けも先輩の教室で

放課後、丸付けも自分の教室にこもってするのではなく、先輩の教室でさせてもらうといいですね。自分から先輩にどんどん関わり、自分の悩んでいることや掲示物の作り方などを進んで聞いていきます。先輩からの言葉を待つのではなく、自ら動くと得るものも多いものです。

56 報告・連絡・相談の基本

自分ひとりで判断し、実行していくのは素晴らしいことのようですが、学校は組織ですから周りと協力することが大切です。

◆何事もひとりで抱えてはいけません

初歩の段階で対処すればすぐ解決できることは多くあります。しかし、「これくらいたいしたことないかな。」と考え、その問題が大きくなってから報告するとすごく時間や手間がかかってしまうことも多くあります。自分のミスを知られたくないと思うのは誰しもですが、そういうことだからこそ、報告・連絡・相談が大切です。

◎…個人ではなくチームで取り組む

教師という仕事は、個人個人で授業や学級経営をします。特に、小学校教員は、その傾向が強くなります。しかし、ひとりで抱え込んではいけません。少しでも悩んだら、相談し、協力してもらうといいですね。そうする中で、自分でできることを広げていくといいのではないでしょうか。また、何か自分で考えた実践をする時も、必ず、連絡と相談をするといいですね。自分のクラスだけ好きなことをし、他のクラスにマイナスになってしまうようなら、その実践は良い実践とはいえません。

◎…特に首から上のけがはすぐに報告を

どんなに小さなけがでも、首から上のけがは学年主任や管理職の先生に報告しましょう。そして、保護者に連絡する際は、どのように伝えるといいのか相談しましょう。

✕ ひとりで抱え込んではダメ

主任に報告しようかな……
スタスタ
とりあえず保護者に電話しちゃえ！

ミスしたことを報告せず、自分だけで処理しようとしていませんか？

○ チームで取り組もう!

子ども同士のけんかをどのように解決したらいいのでしょうか…

小さなことかなと思っても、報告・連絡・相談を大切に！

●先輩が言ったことには耳を傾ける

どんな世界でも、自分の考えたことをその通り実行できるまでには、何年もかかるものです。自分のオリジナル、自分らしさは様々な基礎ができてから十分です。まずは、素直に、先輩の声に耳を傾け、実践してみましょう。新しい発見や学びがあるはずです。

57 何かを提案する時には

職員会議で何かを提案する時には、実際に提案する前に、いろいろな先生の意見を事前に聞いておくことが大切です。

◆いきなり提案しても

実践すればうまくいくことも提案の仕方を間違えば、実践することもできません。どのように提案すれば、自分の通したい案件が通るのかを考えないといけません。今までしていなかったことを、職員会議の場で急に提案しても、すぐに決定することはありません。では、どうすればいいのでしょうか。

◎…事前にいろいろな人に相談しておく

職員会議に提案しようとする時には、事前にいろいろな方に相談しておきます。そうすると、いろいろな意見を聞けます。もちろん、賛成意見ばかりではありません。反対意見もでます。しかし、その反対意見こそ大切です。頂いた反対の理由から案件を練り直し、クリアした案をもって、再度、相談しに行きます。反対されそうな方にこそ、事前に聞きにいっておくことが大切です。本当に通したい案件は、事前にいろいろな方に相談しておき、職員会議で提案します。

◎…うまくいったら、お礼を伝える

職員会議で通り、実際に行い、うまくいった案件があれば、お礼を伝えに回ることです。特に、反対意見を言ってくださった方には、お礼をしっかり伝えましょう。その意見によってうまくいったのかもしれませんし、次回からの提案もうまくいくようになります。

✕ 急な提案は通りにくい

○○について提案があります…

いきなり職員会議で案件を提案していませんか？

○ 事前の相談でうまくいく！

ちょっと相談にのって頂けますか？
いいですよ

通したい案件ほど事前に相談しておきましょう

●良いことが良いとは限らない

私は、毎朝、ゴミ拾いをしながら学校に行っています。しかし、町の人が多くいる時間の場合は、ゴミは拾いません。それは、私がゴミを拾うことで、拾っていない先生がどう見えるのかを考えるからです。良いことをしているつもりが、周りの足を引っ張ることも多々あります。

58 保護者との信頼関係を築く

子どもを育てていく時には、教師のがんばりはもちろんですが、保護者の協力も不可欠です。

◆学校からの連絡

学校からの保護者への連絡は、どんな時が多いでしょうか。何か問題が起きた時やけがをしてしまった時ではないでしょうか。こうしたことを続けていては保護者の方と良い関係を結べるとは思えません。やはり、普段から関わりを多くもっていこうとする姿勢が大切ではないでしょうか。

◎…月に1回の連絡を目標に

保護者の方には、何か問題があった時だけでなく、子どもの小さな成長も伝えるようにします。もちろん学級通信でもいいですが、直接電話で話せたらより良いと思います。「今日は、たくさん発表していました。最近、やる気を感じるのですが、家で何かありましたか？」と伝えます。電話を切った後、どんな会話がお家で展開されるか、何となく想像できますよね。1日1件、1分程度の電話です。それを続ければ、月に1回は保護者の方と直接話す機会ができます。

◎…ばんそうこう1枚でも親には連絡を

また、けがの時は、例え、ばんそうこう1枚でも連絡するようにしています。保護者の方は、ちょっとしたけがや服の汚れでも気になる時があるものです。これくらいはいいかと思うことでも、極力、連絡するといいですね。

× 問題だけ伝えてはダメ

何か問題が起きた時だけ連絡していませんか？

実は、○○くんが
友達とケンカを…

○ 良いことを伝える教師になろう

月に1回を目標に子どもの成長を伝えましょう

○○くん、最近
すごいやる気
なんですよ！

●子どもの名前の由来の答え合わせ

初めての家庭訪問では、子どもの名前の由来について、保護者の方のこんな思いがあるのではないかと予想したことを伝えます。そして、実際の答えを教えてもらいます。名前は、保護者が最初にその子にあげた素敵なプレゼントです。その名前を教師も大切にしていきましょう。

59 何かあればその日に行く

子どものけがやケンカは起きてほしくはないですが、起こるものです。そうしたことの報告を電話ですませていませんか？

◆直接顔を合わせる

子どもに関することをすべて電話ですませていませんか？　電話は、便利で良いですが、相手の表情がわかりません。また、忙しくて、しっかりと話ができないのかもしれません。要件をだけを伝えて、教師自身が話を早く終わろうとしていませんか？

◎…教育は「今日行く」

私が、新任時代、教頭先生に「金さん、教育は『今日行く』やで。自分の足を使って、直接顔を合わせることが大切やで。」と教えてもらいました。それ以来、小さなことかなと思ってもできる限り、家庭訪問をするようにしています。実際に顔を合わせることで、電話で話すよりも深く話ができます。自分から足を運ぶことで、メリットが多くあります。

◎…謝る時は子どもと一緒に

教室で何か問題が起きたら、問題を起こした子どもの責任が半分、教師の責任が半分です。子どもだけが悪いのではありません。指導しきれていない教師にも問題があります。ですから、子どもの問題を伝える時には、自分の指導力不足も一緒に伝えるようにしています。しかし、これは、自分自身がどのように考えているかが大切です。ここに書いてあるからと言って、こうすべきというものではありません。

✕ 電話では表情が見えない

電話だけで用件を伝え、終わらせようとしていませんか?

◯ 会うことがとにかく大切

教育は「今日行く」ということを忘れないようにする

●スキル・ノウハウよりも大切なこと

こうすればうまくいく、こうすれば問題が起きないというスキル・ノウハウはありません。大切なことは、相手の立場に立ち、どうすればいいのかを考えることです。自分にとっての損得で考えるのではなく、相手はどうしてもらいたいと思っているのか考えて動いてみましょう。

60 連絡帳のやり取りのコツ

保護者の方が、毎日、目を通す連絡帳で、子どもの良さを伝えられるようにしましょう。

◆保護者の方に毎日チェックしてもらう

連絡帳を、毎日、保護者の方にチェックしてもらっていますか？子どもには、保護者に見せ、必ず、見てもらったというサインをもらってくるように指導しましょう。保護者の方は、連絡帳を見て、今、どんな勉強をしているのか、どれくらい宿題が出ているのかを把握することができます。

◎…子どもの良さが伝わるようにする

席替えをする時には、小さなカードを子どもに配ります。そこに、ペアトークで話した子の１ヶ月の成長や良かったところを書きます。それを相手から受け取ったら、連絡帳に貼って保護者の方にも見てもらえるようにします。そうすることで、子どもが友達にどのように思われているのかもわかってもらえます。初期の段階では、一度カードを集め、どのようなことを書いているかをチェックしましょう。また、あまり書いていないようであれば、カードに書く前にペアトークでお互いの成長について話をさせるのも良いでしょう。

◎…丁寧に書くことを心がける

４月初めての連絡帳は、一番丁寧な字で書かせます。そして、いつもその字と比較させながら、書かせるようにしています。乱れてきたら、最初のページを開けさせ、丁寧さを思いださせ、書かせます。